光文社文庫

碧《あお》空《ぞら》のカノン

航空自衛隊航空中央音楽隊ノート

福田和代

KOBUNSHA

光 文 社

目次

ギルガメッシュ交響曲

目覚ましを止めた記憶は、かすかにあった。

なんだかとても良い夢を見ていたようだ。ふわふわと浮き立つような幸福感と、緩んだ口元が、おぼろげになりつつある夢の記憶を引きずっている。

「鳴瀬《なるせ》さん、私もう出るわよ！」

安西《あんざい》夫人のちょっと上ずった声が聞こえて、いつも朝はゆっくりしている彼女が、今日はどうしてそんなに慌てているんだろうかと思い、寝ぼけ眼《まなこ》で枕元の時計を見上げ――

鳴瀬佳音《かのん》は悲鳴を上げた。

八時を八分過ぎている。

跳ね起きて、隣のベッドを見ると、安西夫人こと安西庸子《ようこ》はとっくに姿を消した後だった。

前夜、ベッドに倒れこむ寸前に、翌朝のため迷彩柄の作業用の服装をひとそろい、ハンガーに掛けておいた。肩まである真っ黒な髪は、梳《と》かして後ろでぎゅっとひとつに結わえるだけ。生真面目《きまじめ》な男の子みたいな顔には、化粧もしない。着替えて、冷たい水で歯を磨いて、ざっと顔を洗って——五分で身支度をすませ、ベッドシーツと毛布をぴしりと整え、アルトサックスを納めたケースのハンドルをつかむ。

長年使ってぼろぼろになったハンドルの革を握ったとたん、夢の内容をはっきり思い出した。

身体の中を、涼しい風が吹き抜けていくような、爽快《そうかい》な夢だった。

空《あ》いた片手でぴしゃりと頬《ほお》をたたくと、微笑みを浮かべて階段を駆け下り、玄関から飛び出す。

からりと晴れた九月の青空を一瞬見上げ、それから音楽隊の庁舎に向かって走りだした。

航空自衛隊航空中央音楽隊。

それが佳音の所属する部隊の正式名称だ。航空自衛隊の立川分屯《たちかわぶんとん》基地内に、航空中央音楽隊の庁舎はある。東西に細長い東京都のほぼ中央に位置する立川市にあり、新宿からJRでおよそ三十分。陸上自衛隊東立川《ひがしたちかわ》駐屯地の、広大な敷地の一画を占めているのだ。立川市には自衛隊の駐屯地がふたつあり、佳音たちがいるほうは、「競輪場の裏にある基地」と呼ばれている。もうひとつは、昭和記念公園の隣にある、陸上自衛隊立川駐屯地だ。こちらは滑走路もある、さらに広々とした駐屯地だった。

立川分屯基地のそばには、競輪場もあるが小学校と中学校もある。運動会の様子も見える。

なにしろ武道館が二十くらい入りそうな敷地だから、駐屯地の建物から建物への移動は、車や自転車を使うくらいだ。駐輪場も完備されている。

緑の多い、ちょっとした公園のような敷地の中に、クリーム色とチョコレート色で彩られた三階建ての建築物があって、それが航空中央音楽隊の庁舎なのだった。

一階が主に各個練磨室と呼ばれる練習場、二階は隊長室や事務室、会議室、集合レッスン室、三階は女人《にょにん》禁制の男性用内務班になっている。内務班というのは、隊員が生活するエリアのことだ。旧陸軍の下士官・兵卒が、日常生活における最小構成単位として「内務班」というグループを設けており、その名前も引き継いで使っている。ちなみに、女性用は庁舎とは別の場所に隊舎がある。食堂はこの中にはなく、正午になると昼の休憩を報《し》らせるラッパが鳴り、陸上自衛隊の食堂に出かけていく。

ここにいるのは、名前のとおり音楽隊に所属する自衛官。〇八三〇《マルハチサンマル》（午前八時半）から一七一五《ヒトナナヒトゴ》（午後五時十五分）までが勤務時間だが、朝早いメンバーの中には、〇七三〇《マルナナサンマル》ごろから各個練磨室にこもって、楽器とたわむれている者もいる。ちなみに自衛隊の時刻の呼び方は独特だ。慣れるまで少し時間がかかったが、たしかに伝達ミスが起きにくい。

「佳音が寝起き悪いなんて珍しいよね」

同期の吉川美樹《よしかわみき》三等空曹が、にやにやと笑いながら声をかけてきた。人目につかないよう事務室に忍び入ったあたりから、しっかり見られていたらしい。

おまけに、同室の安西夫人から、今朝は何度起こしても起きなかったとか、そんな話を聞かされたのに違いない。美樹は隊内きっての情報通――というより、地獄耳だ。

朝食を諦《あきら》めなければならなかったが、〇八三〇《マルハチサンマル》には事務室にすべりこんだので、遅刻ではない、と心の中で言い訳をする。

「どんくさいけど、朝には強いのにね」

美樹は言わずもがなのことを言った。

「いい夢だったの。だから深層心理が目を覚ますなって言ったのよ」

デスクの引き出しから書類を引っ張り出し、トントンとそろえて佳音は声をひそめた。

「いい夢ってどんな夢よ」

「それは秘密」

にんまりと唇の端を上げると、美樹が呆《あき》れたような顔をして、自分の仕事に戻っていった。

音楽隊としての演奏や訓練とは別に、ほとんどの隊員はデスクワークを持っている。音楽隊の内部は、総括班、演奏班、計画班という三つの班に分割される。六十名ほどの演奏者が、分散して組み入れられているのだ。組織を維持し、運用するための仕事を、演奏と並行してこなすわけだ。

佳音は美樹とともに計画班に所属していて、コンサートの企画を担当している。航空中央音楽隊には、毎年驚くほどたくさんの演奏依頼が舞い込んでくる。すべてを引き受けるわけにはいかないが、それでも演奏会は大小合わせて年に百回ほどこなしているのだ。これも自衛隊の広報業務の一環だった。

「鳴瀬士長、失礼します」

おずおずとした声を耳にして、佳音はボールペンを握りしめたまま、椅子ごと振り向いた。痩《や》せている上に姿勢がいいおかげで、とびきり背が高く見える長澤真弓《ながさわまゆみ》二等空士が、細い眉《まゆ》を八の字に落として、困惑した様子でたたずんでいる。

「どうしたの、長澤さん」

「あの、困ったことがありまして」

真弓クンは佳音より五つ下で、今年入隊したばかりの新人だ。身長は百七十五センチで、すらりと背が高い上に、芸能人も真っ青の小さな顔が乗っている。男の子のように短く刈った髪のせいもあって、どこか宝塚の男役みたいなボーイッシュな香りも漂わせている。そのおかげで、「真弓《まさお》クン」と呼ばれているのだ。

姿勢よく、きりっとした真弓クンの立ち姿を、佳音は惚れ惚れと見つめた。入隊した当初は、背が高い人間の例にもれず、どちらかと言えば猫背ぎみの姿勢をしていた。たった三か月の新隊員教育で、見違えるほど姿勢が良くなったものだ。

こういう実例を見ると、新隊員教育も捨てたもんじゃないとしみじみ思う。自分が入隊して教育を受けた時には、うっかりとんでもないところに来てしまったと、かなり後悔したものだったが。

「困ったことって」

ひと月後に長野で〈ふれあいコンサート〉が開催される予定だ。そこで演奏する曲の楽譜をそろえるよう、真弓クンに頼んだことを思い出した。真弓クンは楽譜係のサポートを担当している。コンサートの依頼を受けたのは一年くらい前だったが、他との調整をしてようやく開催が決まり、演目が正式に承認されたばかりなのだ。とりあえず、彼女が血相を変えて自分のところにやって来る理由としては、それしか思いつかなかった。

「楽譜庫に来てもらってもいいですか」

真弓クンの頼みに応じて、佳音は気軽に後についていった。事務室のはずれにある楽譜の保管庫には、昭和三十六年の創設以来、航空中央音楽隊が演奏してきた楽曲すべての、それぞれのパートの楽譜が保管されている。スライド式のロッカーに、楽曲ごとにアイウエオ順で箱詰めされた楽譜が収まっているのだ。吹奏楽の楽譜というのは、セットで購入すると、けっこう高価なものだ。中には、音楽隊の隊員が作曲した、ここにしか楽譜がない楽曲もある。音楽隊の大きな財産だった。

長机の上に、いくつか楽譜のボックスが並べてある。真弓クンは、楽譜を捜しだす作業をしていたらしい。楽譜は使用しない期間は保管庫にしまわれている。コンサートの曲目が決まれば、楽譜係はパートの人数ごとに必要な楽譜を準備して、楽曲の訓練までに配付しなければならない。終わればすべてを回収する。

「これ、指示された『ギルガメッシュ』の楽譜なんですが」

真弓クンがボックスのひとつを開き、こちらに中身を見せた。ぎっしりと楽譜が詰まっている。『ギルガメッシュ』はまだ新しい楽曲だから、楽譜もそんなに古くはない。

「調べたら、足りない部分があるようなんです」

真弓クンは思いきったように、説明した。

「えっ、楽譜が足りないの？」

佳音は思わずボックスを覗きこんだ。

「そうなんです。――たぶん、第四楽章『フィナーレ：ウトナピシュティムへの旅』の、アルトサックス第二パートが」

「鳴瀬さんも、本当にいろんな騒ぎを呼ぶわよねえ」

今日の昼食メニューはオムレツだった。

スープを上品に飲みながら、向かいに座っている安西庸子三等空曹――安西夫人が、いかにも楽しげに目を細める。

「夫人、人聞きが悪すぎです。私が騒ぎを起こすわけじゃありません」

危うく箸の先を振り回しそうになり、佳音はようやく自重する。朝食を抜いたので、自分は空腹なのだった、とあらためて気づいてオムレツにかじりつく。

「だって、確か入隊一年目で盲腸炎になって、救急車で運ばれたでしょ。二年目で交通事故に遭《あ》って」

「軽く自転車に轢《ひ》かれただけですって」

「でも、足の甲を軽く骨折したじゃない。治りが遅くって、二か月近くも松葉杖をついて歩いてたわよね。三年目には掃除の勢いが余って窓ガラスをたたき割り、四年目と五年目には、外出先で食中毒！」

「それは食べたお店のせいなのであって、私のせいってわけじゃ――」

「呼ぶのよ」

安西夫人が怖い目をして、人差し指を小さく振り声を低めた。

「あなたのような人がいるのよ。自分でも気がつかないうちに、身の回りにトラブルを呼んでしまうの。だからいつも身辺が騒がしくて、ばたばたしているの」

「申し訳ありません、いつもばたばたしていて」

佳音は小さく肩をすぼめ、頭を下げて嵐をやりすごそうとした。確かに、それはかりは反論の余地がない。安西夫人とは、入隊した時から内務班で同室だった。佳音の身に何かが起きるたびに、直接的被害をこうむっているのは、間違いなく彼女だ。

「それで、『ギルガメッシュ』は結局どうなったの」

佳音が認めたら気がすんだのか、安西夫人が普通の声に戻って尋ねた。彼女も肩までの髪を後ろでまとめているのだが、天然のウェーブがきれいにかかっているせいで、ただのひっつめ髪もどこか上品で優雅に見える。

担当する楽器がフルートなのも、女子的にちょっぴり妬《や》ける要素だった。三十四歳、未婚。どこか大人の女の魅力を感じさせるので、女子のあいだでは「安西夫人」などと呼ばれている。もちろん、漫画『エースをねらえ！』の「お蝶《ちょう》夫人」からの連想だ。

「午前中ずっと捜していたんですけど、楽譜の一部が見つからなかったんですよね。ただ、村上《むらかみ》さんがまだ持ってるかもしれないと聞きましたので、捜してもらっています」

楽譜がないなら買えばよいというレベルの話ではない。自衛隊の備品がいつの間にか消えているというのは、あってはならないことなのだ。

「前回は六年前だもんね」

安西夫人が、遠くを見るような目をした。

交響曲第一番『ギルガメッシュ』。

一九七三年にベルギーで生まれた、ベルト・アッペルモントという若い作曲家の手による曲だ。発表されたのが二〇〇三年だから、まだまだ手あかのつかない、新しい曲だった。

曲は四楽章で成り立っていた。第一楽章「ギルガメッシュとエンキドゥ」、第二楽章「対決」、第三楽章「森の冒険」、そして、問題の第四楽章「フィナーレ：ウトナピシュティムへの旅」。

メソポタミアの古典『ギルガメッシュ叙事詩』に想を得た物語的な曲は、全国の吹奏楽コンクールなどでも人気を博している。映画のサントラに使いたくなるくらい、ドラマティックな曲なのだ。二〇〇四年六月に開催された定期演奏会のメインが、この曲だった。

航空中央音楽隊では、その後まだ演奏されたことはない。

「ふれあいコンサートで『ギルガメッシュ』を要望されるなんて、珍しいわね」

「そうなんですよね」

安西夫人の指摘に、佳音は頷《うなず》いた。

〈ふれあいコンサート〉は、自衛隊と市民の親睦《しんぼく》をはかる目的で開かれる。航空中央音楽隊は、年に何回か全国を巡回して開催している。その時々のテーマに沿って、誰にでも馴《な》染《じ》みの深い、わかりやすい曲目が選ばれることが多い。

ところが、来月の長野県のコンサートでは、教育委員会担当者のたっての要望で、それほど一般的ではない『ギルガメッシュ』の演奏を頼まれたのだった。

「なんでも、担当者が六年前の定期演奏会で『ギルガメッシュ』全曲を聴いたらしいんです。地元の高校に、全国の吹奏楽コンクールで優秀な成績を残している吹奏楽部があって、その生徒たちにぜひ全曲を間近で聴かせたいから――とまあ、そういう要望でしたよ」

担当者とは、電話とメールでやりとりをしただけだが、声の印象では、三十代後半ぐらいの落ち着いた女性のようだった。高校の吹奏楽部に、講師のような役割で指導に行っているとも話していた。

「ふうん」

安西夫人はいぶかしそうに首をかしげている。その視線が、ふと佳音の背後に向けられた。

「ああ、ここにいたか」

聞き覚えのあるバリトンを耳にして、佳音は斜め後ろを振り返った。

アルトサックスの村上昇《のぼる》空曹長が、食堂の入り口にある帽子掛けに識別帽をひっかけ、こちらに向かってくるところだった。もうじき六十歳の誕生日を迎える村上さんだが、今でも毎日六キロのランニングを欠かさないだけあって、みごとに引き締まった体型を維持している。あまり感情を表に出さない、飄々《ひょうひょう》とした人柄で、『古武士』と呼びたいような風格がある。

その手に、茶色い封筒が握られているのを、佳音は見逃さなかった。

「村上さん、それ！」

「ああ、部屋にあったよ。『ギルガメッシュ』の楽譜だ。アルトサックスの第二パートで良かったんだよな」

「ありがとうございます！　本当に助かりました」

よしなさい、というように軽く手を振り、村上さんは自分の食事を取りに行った。照れているのに違いない。

佳音はさっそく中身を改めた。村上さんの言葉に間違いはない。『ギルガメッシュ』のアルトサックスパート、全曲分だ。村上さんは第一パートを演奏したはずだが、第二パートの分も持っていると聞いたのだ。気に入って個人で楽譜を購入したらしい。ところどころ、村上さんが昔書き込んだらしい鉛筆の跡が、うっすら残っている。佳音に貸すために、わざわざ書き込みを消してくれたらしい。

「汚れていてすまんが」

トレイを持って佳音の隣に腰を下ろしながら、村上さんは顎《あご》をしゃくった。

「ありがとうございました。二〇〇四年なんて、そんなに前のことではないと思ったんですけど、当時アルトサックスを演奏していたのが、もう村上さんしかいなくって」

その村上さんが、好きな曲の楽譜をマメに集める男で助かった。『ギルガメッシュ』の楽譜は、市販の楽譜を購入したものだが、今から手に入れるとなると日数もかかるし、お金もかかる。

村上さんは、一瞬箸を止め、何かを思い出すような表情になった。やがて、黙ってランチのスープをすすり、オムレツをあっという間にたいらげて、さっさと席を立った。さすがに、食べるスピードが違う。

「そう言えば、村上さんは今年で六十歳だわよね」

安西夫人が呟《つぶや》いた。

「今度のふれあいコンサートが、最後のお仕事になるんじゃないの」

佳音は、頭の中でそっとカレンダーをめくった。コンサートは十月七日。村上さんの誕生日は、十月九日だ。——自衛隊の音楽隊員は、満六十歳の誕生日をもって定年となる。

——もう、あとひと月ほどしかないのか。

佳音は、食堂を出ていく古武士の後ろ姿を、黙って見送った。

ケースから取り出したアルトサックスの金色の本体に、マウスピースを差したネックを押し込んで角度を調整する。リードの具合を確認するために、ロングトーンを軽く吹いてみる。

——うん、上出来。

いま佳音が手にしているのは、官給品の楽器だった。任務でないときには、学生時代から吹き慣れた自分の楽器を使うこともある。任務のときは官給品で演奏しているが、マウスピースにも当たり外れがあるし、長年使っているので、楽器本体も自分に馴染んでいるような気がするのだ。

最初の音を吹き鳴らした瞬間、すっかり忘れていた、今朝がたの爽快な気分が少し甦《よみがえ》った。楽譜騒動がなければ、午後の今でもまだ夢の余韻にひたっていられたかもしれない。

今朝の夢を、誰かに喋《しゃべ》るつもりはなかった。

夢の中で、佳音はインターナショナル・タトゥーに白の夏服で参加し、お気に入りの『ドルフィン・イン・ザ・スカイ』を吹いていた。

あれは、佳音のひそかな願望なのだ。

――いつか、インターナショナル・タトゥーに参加してみたい。

二千人を超える世界中の軍人演奏家が集まり、屋内に設けられた会場で音楽、ダンス、演劇、アクロバットなど、さまざまな演目がくりひろげられる軍楽祭だ。各国の軍楽隊が数多く参加し、そのレベルの高さに音楽家たちの関心も高い。

一九九九年、航空中央音楽隊は、国内の音楽隊として初めて、カナダのハリファックス市で開催された「第二十回ロイヤル・ノバスコシア・インターナショナル・タトゥー」に参加している。カナダの軍楽祭主催者から招聘《しょうへい》されたのだ。二〇〇六年には、大韓民国で催された「二〇〇六　ウォンジュ・インターナショナル・タトゥー」にも出演して、好評を得た。

この年には、佳音も既に音楽隊の仲間入りを果たしていたのだが――たまたまこの時、自転車に轢かれて足の甲を骨折し、入院していたのだった。

——一生の不覚。

世界中の軍楽隊や吹奏楽団と親睦を深め、トップレベルの演奏を生で聴けば、どれだけ勉強になっただろう。タトゥーは、世界の軍楽隊がその国々の文化レベルを競う祭典でもある。

いつかあの夢が、正夢になる時がくればいい。

気を取り直して、楽器を持ち直す。

午前中は、失われた楽譜のために、すっかり時間を取られてしまった。楽譜係の真弓クンとともに、二〇〇四年の定期演奏会で演奏された他の楽曲のボックスに混じっているのではないかと捜しまわっていたのだ。この年のプログラムは、クリフトン・ウィリアムズの『ファンファーレとアレグロ』に始まり、『ギルガメッシュ』まで全五曲。それぞれの箱を開き、一枚ずつ中身を見て、他の曲の楽譜が混じっていないか確認する——というのは、たいへんな作業だった。なにしろ、各パートの楽譜だけでも、三十種類は存在する。

村上さんの楽譜が見つかって、本当にホッとした。

——これでやっと、自分の練習ができる。

楽器を握ると、気持ちが安まる。

「あ、佳音が戻ってる」

計画班の吉川美樹が部屋に入ってきた。彼女の楽器はアルトサックスよりひと回り大きなテナーサックスだ。計画班では隣の席だし、各個練磨室も同室だった。腐れ縁と呼ぶしかない。

一階フロアには、各個練磨室が二十五部屋ほど用意されている。それぞれに、ふたりから三人ずつの隊員が割り当てられる。通常は、同じパートの隊員がひとつの部屋になる。アルトサックスは村上さんと、もうひとりの男性と佳音の三人だけなのだ。男女を同室にすると、何かとややこしい——ということで、佳音はテナーサックスの美樹と同じ部屋なのだった。これがクラリネットなら、人数が多いのでもう少しやりやすいのだが。

「あの後、楽譜騒動、たいへんだったんだってね」

美樹は同情するように言った。もう、他の隊員たちにも知られてしまったらしい。楽譜が消えたことを上官にも報告したら、ちょっとした騒ぎになった。

「何か処分があるかもね……」

佳音が呟くと、美樹が首をかしげる。

「でも、六年も前に使った楽譜で、それきり誰も見てなかったんでしょ。その頃に紛失したのなら、紛失の原因もわかりようがないよね」

「まあねえ」

譜面台に載せた楽譜をぱらぱらとめくる。来月の〈ふれあいコンサート〉で使うものだ。『ギルガメッシュ』の楽譜がようやくそろったので、先ほど楽譜係の真弓クンが、全員に配付した。

先方の担当者のたっての頼みで『ギルガメッシュ』を入れたため、他のプログラムはとびきり楽しく、誰でも聞き覚えがあるような曲にした。長大な交響曲の『ギルガメッシュ』はトリを飾る。

「また、ややこしい曲を選んじゃって」

美樹がぶつくさと文句を言った。性格はきついし根性は曲がっているが、彼女のテナーサックスは、まろやかないい音を出す。

佳音がアルトサックスを始めたのは、地元青森県にある中学校の、吹奏楽部に入った時からだ。三歳からピアノを習っていた。「カノン」という名前からもわかるように、彼女の家族は音楽一家だ。父方の祖母はフルート、父はチェロ、母はピアノ、弟はバイオリンを弾く。残念ながら、プロになったのは佳音だけで、家族はみな他に職業を持ちながら、趣味で楽器を続けているのだ。少しでも音楽と関わる仕事がしたいからと、弟は楽器店に勤めていた。

中学、高校と吹奏楽部で鍛えられた佳音は、大学は高校教師の勧めもあって東京の音大を受験してみた。力試しのつもりだったが、器楽専攻科にみごと合格した時には——家族の説得なんて必要なかった。音楽隊への入隊も、家族そろって後押ししてくれた。この不況の世の中、何といっても公務員は強い。

とはいえ——音楽隊に入ったら、もれなく自衛隊員としての厳しい訓練もついてくるとは思わなかった。ま、それだけが佳音の誤算だった。

「この曲の総譜《スコア》、全部で百二十ページくらいあるんだって」

美樹の言いたいことはわかる。〈ふれあいコンサート〉の指揮者に選ばれたのは、先だって幹部になったばかりの、諸鹿《もろが》三等空尉だった。まだ三十歳そこそこで、六年前の定期演奏会には参加していないから、今回が初演だ。エリートの三尉とはいえ、今ごろ間違いなく頭を抱えているだろう。

「前回指揮をした隊長が、つきっきりで指導するらしいけどね。けっこう無茶だよ」

——おやおや、こんなところで私の企画に対する苦情ですか。

佳音はふうと息をつく。

「なんのかんの言っても、隊員の半数以上は六年前にも演奏してるんだから、大丈夫じゃないの」

村上さんは当然、演奏経験がある。バリトンサックスの隊員も同様だ。

「私は村上さんの模範演奏を録音してもらって、それを繰り返し聴いて練習するもんね」

佳音の言葉に、ずるい！　と美樹が叫んだ。

そんなことができるのも、今回限りだ。村上さんが誕生日を迎えて退官すれば、佳音が今後の第一パートを引き継ぐことになるだろう。第一パートのほうが若干メロディを奏でる部分が多くてやりがいがある、はず。その分、緊張する。

青森県にある北部航空音楽隊から転勤してきた、もうひとりのアルトサックス担当は、佳音と同い年だが、自衛隊に入隊したのが一年遅い。村上さんの定年退職にそなえて、北部航空音楽隊から引き抜かれてきたのだ。

「でもさあ」

美樹が自分のパートを練習する合間に、ぽつりと言った。

「なくなった楽譜って、どこに行っちゃったのかなあ」

そう——問題はそれだ。

「『ギルガメッシュ』第四楽章、フィナーレ：ウトナピシュティムへの旅——アルトサックス第二パートか」

それはまさに、自分が使うはずだった楽譜だ。

その部分だけが失われている。それが、佳音の心に小さく鋭いトゲのように引っかかっている。

前を見ても後ろを向いても、黙々とランニングする自衛官ばかりだった。

佳音は息をはずませながら、自分を追い抜いていく陸上自衛官の後ろ姿を見つめた。毎日走りこんでいるから、頭のてっぺんから指の先まで、日焼けで真っ黒だ。

走ることを義務づけられているわけではないが、自衛官の昇任試験には体力測定が伴う。音楽隊の隊員だろうが、女性だろうが関係ない。生活のベースが自衛官でなければならないのだ。年間の射撃訓練などもきっちり受ける。ランニングも、演奏訓練が終わった後、だいたい夕方から五、六キロは走ることにしている。

佳音の場合、このままでは来年の春には継続任用の任期が切れてしまう。航空自衛隊の階級は、上から幹部・准尉・曹士と大きく分かれている。幹部というのは、将官・佐官・尉官。空曹士というのは、空曹長から三等空曹までと、空士長から二等空士まで。佳音はいま士長なので、なんとか、年内に昇任試験を受験して、晴れて三曹になりたいところなのだ。空士は任期制だが、空曹になれば非任期制だ。つまり、三曹以上だと定年まで安心して勤務することができるというわけ。

ちなみに、佳音は入隊五年目の時に一度受験したが選にもれ、継続任用を願い出て、任期を二年延ばしてもらった。今年の春にも受験したのだが、もののみごとに選考もれ。上官からも、来年は継続任用できないかもしれないぞ、と脅されている。

百名ていどが音楽隊の採用説明会に来て、入隊できるのはほんの数名、という高い倍率の試験をくぐり抜けてきたというのに、いまさらクビを切られてなるものか。

「おっす、キャノン砲」

背後から、嫌な気配が近づいてきたなと思えば、追い越しざまに声をかけられた。

三人目のアルトサックス——渡会俊彦《わたらいとしひこ》三等空曹だ。佳音とは同い年で、実は同じ高校の吹奏楽部に所属していた。いったん一般の大学に入学した後、一年後に音大に入り直したとかで、入隊も一年遅れたのだ。

「あいかわらず、足遅いよ。万年士長だよ、そんな様子だと」

「うるさいわね」

じろりと睨《にら》んだが、相手はまるでこたえていない。なにしろ向こうは——今年の春に、さっさと三曹になってしまったからだ。

——このゴリラめ。

佳音は渡会の横顔を睨んだ。

何が悔しいと言って、渡会ごときに追い越されたことだった。

ゴリラというのは、佳音が渡会につけたあだ名だ。音楽隊でも一、二を争う体格の持ち主に、これ以上ぴったりのあだ名を思いつかなかった。

案の定、佳音の抗議を右から左に聞き流し、渡会はさっさと彼女を追い越していった。とにかくガタイがいい。音楽隊というより、レンジャー部隊と言われても信じてしまいそうなほど、背が高くて体つきもがっしりしている。どういう鍛え方をしているのか、胸板も厚い。

もとは同じ吹奏楽部にいたという気安さで、渡会は最初から馴れ馴れしかった。

「自衛隊員なら、カノンよりキャノンだな。キャノン砲の」

などと馬鹿な冗談を言いだしたのも、渡会だ。おかげで、たまに佳音が怒りを爆発させる機会があると、渡会以外の隊員までが、こちらを見てキャノン砲だとぶつくさ呟くのが聞こえるようになってきた。

――冗談ではない。

まさか、渡会が村上さんの後任として、航空中央音楽隊に呼ばれるとは。

航空自衛隊の音楽隊は、全国に五つ存在する。佳音たちが所属する航空中央音楽隊。ほかは、北部航空音楽隊（青森）、中部航空音楽隊（静岡）、西部航空音楽隊（福岡）、南西航空音楽隊（沖縄）――と、方面隊ごとに設置されているのだ。航空中央音楽隊が六十名ていどなのに比べ、各方面の音楽隊は三十から四十名ていどと、規模は小さくなる。

新人は、ほとんどがいったん各方面の音楽隊に振り分けられ、技術を磨いた後で航空中央音楽隊に呼ばれるのだ。佳音のように、入隊してすぐ中央に配属される新人は珍しい。

「走りながら、何を考えこんでるんだよ」

ふと気がつくと、音楽隊の庁舎前まで戻ってきていた。軽いストレッチをして、呼吸を整えながらぼんやり考えこんでいたらしい。

あっという間に佳音より一周多く走りこんできたらしい渡会が、近づいてきた。くそう、と佳音は唇を噛《か》んだ。自分はランニングでも試験でも、渡会より周回遅れってわけだ。

「私の前に、アルトサックスを吹いていた人のことを考えてたんだよね」

早く立ち去ってほしくて、ぶっきらぼうに答えたのだが、どうやら裏目に出たらしい。渡会は、明らかにその言葉に興味をひかれたようだった。

「――なにそれ、どういうこと」

「たとえば、あんたは自分の前に、村上さんがアルトサックスを担当していたことを知っているでしょう。引き継ぎだってあるし、前もって退職の予定がわかった時点で、次の演奏者を呼ぶじゃない。だけど、私が入隊した時には、アルトサックスは村上さんしかいなかったの」

佳音が入隊したのは、二〇〇五年。『ギルガメッシュ』が演奏された年の入隊説明会に参加し、受験を決めたのだ。

そして、翌年の春にいきなりここに配属になった。

「急に退職した人がいたってことじゃないの」

渡会が屈伸運動をしながら、あっさり答えを出す。それはありそうなことだった。定年退職なら、あらかじめわかっているので、何年も前から計画的に次の担当者の採用と育成にとりかかる。

二〇〇四年に、アルトサックスの第二パートを担当していた人が、突然退職した――。

その人の急な退職と、失われた楽譜とは、何か関係があるのかもしれない。

「村上さんに聞けばいいじゃないか」

もうその件に興味を失くしたらしく、渡会が軽い口調で言った。

確かに、村上さんなら六年前に退職したサックス奏者のことを記憶しているだろう。話を聞くこともできるかもしれない。

でも――。

佳音は、食堂で彼がちらりと見せた、どこか遠くを見つめるようなまなざしを思い浮かべていた。あんな表情は、初めて見た。

これは、村上さんには尋ねないほうがいいのではないか。なんとなく、佳音の直感がそう告げている。


「あら——おかしいわね」

安西夫人は、持ちだしてきた古いファイルを片手に、首をかしげた。

あいかわらず、きれいに髪をまとめている。くるんと上を向いた長いまつげは、うらやましいことに自前だ。服装はといえば、訓練中は皆同じ作業服姿なのに、安西夫人だけはなぜかしゃれて見える。ほのかな香水の香りでも漂わせていそうな雰囲気があるのだが、もちろん職務中の自衛官に香水などご法度《はっと》だった。

「定年退職って書いてあるわ。何かの間違いってことはないわよね。確か、家庭の事情で退職することになったとか、聞いた覚えがあるけど」

ファイルに綴《と》じられているのは、二〇〇四年に出た人事発令だ。昨日の夜、隊舎に戻ってから安西夫人に疑問をぶつけてみた。彼女なら当時すでにここで働いていたので、何か知っているかもしれないと考えたのだ。

それで、仕事が一段落した昼食前に、ファイルキャビネットから古い書類を出してくれたのだった。その中に、人事の発令も入っていた。安西夫人が示すページを、佳音は覗きこんだ。

定年退職
航空中央音楽隊
空曹長　道内義和《どうないよしかず》
平成十六年六月十五日

何度見直しても、発令にはそう書かれている。

「道内さんとはそれほど親しくはなかったけど、よく覚えてる。見た目が怖そうな感じの人だったのよね」

安西夫人が、上品に肩をすくめる。

「この人が退職して、その次の年に私がここに入隊したってことですよね」

佳音の質問に、一瞬考え込んだ。彼女の担当はフルートだ。楽器のパートが同じなら忘れることはないだろうが、パートが異なれば練習で会う機会も減る。

「道内さんが辞めた時は、どうしたんだったかしら――アルトサックスには道内さんと村上さんがいて、道内さんが急に辞めて――。各方面の音楽隊から、アルトサックスの演奏者を引き抜こうとしたんだけど、急だったからうまくやりくりがつかなかったのよね。それで、その年の採用枠にサックスを追加して、翌年の春にあなたが来たのよ」

「私が入ったのは四月で、訓練期間もありましたから、実際にはなかなか演奏させてもらえませんでした。そのあいだは、どなたが演奏されてたんでしょう」

佳音の入隊時の記憶には、村上さんのことしかない。最初から、彼は淡々として親切だった。

「テナーサックスの人がアルトサックスを受け持ったり、いろいろやりくりしてたような記憶があるわねえ」

もともと、吹奏楽にはアルトパートを受け持つ楽器が少ない。アルトサックスの他にはアルトクラリネットぐらいだ。ホルンもアルト音域を担当することはあるが、アルトホルンというれっきとしたアルトパートの楽器があるにもかかわらず、事実上使われていない。

つまり、吹奏楽のアルトサックスというのは、けっこう重要なパートなのだ。

「でも――」

安西夫人が、ますます不思議そうに書類を見直した。

「なんだか変ねえ。私の記憶では、道内さんは村上さんの同期なのよ。年齢だって同い年ぐらいだと思ってた。道内さんが二〇〇四年に定年退職だなんて――」

村上さんの同期――と聞いて、やはり甦ったのは、『ギルガメッシュ』の楽譜を借りた時の、どこか遠くを見るような目つきだった。

道内義和。

その人のことを、村上さんに尋ねてみるべきだろうか。

なぜかためらいを感じ、佳音が考えこんでいると、向こうから真弓クンが慌てふためいて手を振りながらこちらに向かってくるのが見えた。片手に、大きな茶封筒を握っている。

「鳴瀬さん、た、たいへんです――」

「どうしたのよ」

真弓クンの慌てっぷりが妙だった。

「これ見てください」

広げた茶封筒から、彼女が取り出して見せたのは――楽譜。

じっくり見るまでもなかった。昨日、さんざん苦労しながら初見で吹いた、『ギルガメッシュ』の第四楽章、アルトサックス第二パートの音符が、五線紙の上で躍っている。嫌というほど、にらめっこした楽譜だ。

「えっ、戻ってきたの？」

「そうなんです。今日の郵便で、隊に届きました。この封筒、見てくださいよ」

真弓クンは、握りしめていた茶封筒の表書きを、佳音たちに見えるようにデスクに置いた。

「航空中央音楽隊の楽譜係御中ということで、私のところに回ってきたんです」

「差出人は誰？」

「裏には何も書いてないです。差出人の名前などはどこにもありませんでした。手紙もなかったし」

佳音は安西夫人と顔を見合わせた。

「でもこれ――本物なの？」

安西夫人の言う〝本物〟とは、音楽隊の楽譜庫から消えたものかという意味だろう。

「たぶん本物ですね。紙の質とか手触りが、楽譜庫にあった他のパートのものと同じ感じがします」

厚手の上質紙に印字された文字のフォントも、そっくりだった。

「気味が悪いわね」

安西夫人がおおげさに肩を震わせてみせた。

「だってそうでしょう。来月のふれあいコンサートの演目は、決まったばかりでまだ一般には発表されてない。音楽隊のメンバーぐらいしか知らないのよ。それなのに、このタイミングで失くした楽譜が戻ってくるなんて――」

いったい誰が楽譜を持ち去り、また返却してきたのか。その疑問が、佳音の頭の中でもぐるぐると駆けまわっている。

「佳音、ここだよ！」

美樹が薄暗がりのテーブルから手を振っている。

佳音は安西夫人を連れて、椅子と壁に挟まれた狭い通路を通り抜けた。JR立川駅の南口近くにあるダイニングバーだ。食にうるさい〝お嬢さん〟たちが愛用している。

店内は女性客であふれていた。美樹が予約した奥の席は、壁とパーテーションで半個室のような状態になっている。

美樹と真弓クンは、グラスワインとおつまみをいくつか先に頼んでいた。明日は、珍しくコンサートのない土曜日で、オフ日だ。ふたりとも飲む気を満面にみなぎらせている。

安西夫人、真弓クンと佳音の三人は隊舎だから、帰りはタクシーを拾えばすぐだし、美樹は陸上自衛隊の自衛官と結婚して、近くの官舎に住んでいるから、帰りも心配ない。入隊一年目の真弓クンを、門限までに部屋に送り届ければ、何も問題はないというわけだ。

「私、ミモザね」

「とりあえずビール」

一杯目に選ぶ酒で、女として既に安西夫人に負けているような気がした。――まあいいや、と一瞬でその思いを片付ける。

「それで？」

美樹が答えを促《うなが》す表情で、問いかけた。佳音は首をぶんぶんと横に振った。

「だめ、だめ。村上さん、先に帰っちゃったの」

「えっ、帰った？」

軽い非難を込めて、美樹と真弓クンが声をそろえる。

「話を聞こうと思って村上さんの練習室に行ったら、定時になったとたんにさっさと帰宅したんだって」

おまけに明日、明後日は土曜と日曜だ。村上さんは妻帯者で、何年か前に自宅を建てて官舎を出てしまった。国立《くにたち》だから遠くはないが、自宅まで押しかけていくのもどうかと思う。

楽譜が失われ、また突然戻ってきた〈事件〉について考えるべく、美樹の発案でこうして四人が集まることにしたのだった。二〇〇四年に退職した道内という元隊員のことを、佳音から村上さんに尋ねておく、という約束になっていた。

「明日は休みだから、早く帰ったんじゃないかって、渡会が言ってた」

運ばれてきたミモザとビールのグラスをそれぞれ持ち上げ、乾杯しながら佳音は説明した。村上さんとゴリラ・渡会は、各個練磨室を共用している。

安西夫人は熱心にフードメニューを見つめ、店員にいくつかオーダーをした。美味《おい》しいものに関しては、彼女に任せておけばまず間違いがない。がさつな美樹が既婚者で、安西夫人が独身、というのも不思議な話だ。そろそろ三十五歳の誕生日も近い。

「ねえ、思うんだけど、あの茶封筒は警察に持っていけば証拠になるんじゃないの」

美樹がテーブルに身を乗り出す。

「楽譜を送ってきた茶封筒のこと？　警察ってどういうことよ」

「嫌ねえ。まさか、楽譜が盗まれたかもしれないからといって、自衛隊が警察を呼ぶわけがないわよ」

安西夫人が色っぽくミモザをすすりながら、手を振った。分屯地を出るので、全員が私服に着替えてきた。ワンピースなんか着ているのは安西夫人くらいで、他はみんな地味なスカートにシンプルなブラウスかカットソーだった。

「だいたい、もし誰かが楽譜を持ち出したのなら、その犯人は自衛官か元自衛官以外に考えられないのよ」

　ちょっと息を呑《の》むような感じで、彼らは顔を見合わせる。あまりにも当たり前のことなので、これまで誰も言葉にする者すらいなかった。

　音楽隊の楽譜庫は、陸上自衛隊の駐屯地内にある。駐屯地の門は陸上自衛隊が警備していて、誰でも入れるわけじゃない。

「見学者とかは、来ますよね」

広報部隊なので、いろんな見学者がやってくる。民間人という意味では、コンサートで共演する音楽家なども来る。

「その場合は、広報担当者がずっとエスコートしてるでしょう。だいたい、見学者がなんのために楽譜を持ち出すのよ」

「見学の記念品とか――いや、無理ですけど」

　誰かが持ち出すとすれば、それは自衛官以外にはありえないのだ。しかも、おそらく音楽隊の関係者。

「『ギルガメッシュ』の楽譜を最後に使ったのは、二〇〇四年の定期演奏会ですよね」

　美樹がおさらいをするように言った。

「それ以降、『ギルガメッシュ』の演奏をしていないので、楽譜のボックスを開くこともなかった。楽譜がなくなったのは、その演奏会以降なんですけど、紛失に気づくまでのどの時点で消えたのかは不明、ということですね」

「なくなった楽譜は、『ギルガメッシュ』第四楽章のアルトサックス第二パートだけ。

――というのも、意味ありげよね」

佳音が口を挟むと、美樹が目を輝かせながら大きく頷いた。

「それってあんたのパートよね。気になるんでしょう」

「私のパートだからってわけでもないけど」

「鳴瀬さんの前に、アルトサックスを担当していたのは道内さん。彼は二〇〇四年に突然、退職したの。書類上は定年退職という扱いになっていたわね」

安西夫人はおっとりとした口調で説明した。

「突然、定年退職って変ですよね」

真弓クンは、白ワイン一杯で既に顔を真っ赤にしている。しかし、ここから彼女はどんどん飲むのだ。酒に弱いのではなく、顔に出るタイプらしい。

「しかも彼は、私の記憶が正しければ、村上さんの同期なの」

「同期でも年齢が違うことはよくありますよ」

確かに真弓クンの言うとおりだ。ここ数年、音楽隊に入隊するのは九割が音大卒業者と言っていいが、村上さんたちの頃はそうではなかった。普通の自衛官として入隊した中から、吹奏楽の経験者をピックアップしたケースが多い。

「おまえ、ラッパを吹けるんだってな」

というひとことで、音楽隊に放り込まれた隊員だっているのだ。

自衛隊に入隊するまでの人生だって、人それぞれだった。高校を出てすぐに入隊した者もいれば、大学を卒業して飛びこんだ者もいる。社会人生活を送った後に、自衛隊に入った人間だっているのだから、同期だからといって同い年だとは言い切れない。

「ねえ佳音、村上さんには月曜日に聞いてみてよね。道内さんって人にも、直接連絡を取れないかなあ」

「連絡先がわかんないよ。定年退職なら恩給をもらってるから自衛隊とは連絡が取れると思うけど、そういう個人情報を私たちには教えてくれないでしょ」

「村上さんが知ってるかも」

「一応、聞いてみるけど」

どうも、村上さんと道内さんが連絡を取りあっているとは思えない。これも、佳音の直感だ。

「当時の楽譜係が誰だったのか、わかるといいのにね。楽譜庫に入っても怪しまれないのって、楽譜係じゃないですか。他の人が近づけば、誰かが気がつくような気がする」

佳音の言葉に美樹も頷いた。

「まあ、こっそり抜かれたらわかんないけどね」

「楽譜が今日突然戻ってきたのも、変ですよねえ。こんなにめちゃくちゃいいタイミングで返却してきたということは、その人は来月のコンサートで私たちが『ギルガメッシュ』を全曲演奏することを知って、必要になるだろうと思ったってことでしょう」

真弓クンが腕組みをする。

「まだ演目は一般に発表してないんでしょう。今の音楽隊の中に、楽譜を持ち出した犯人がいるってこと？」

「何かの事情があって、一時的に持ち出していたとかね。ところがコンサートで『ギルガメッシュ』を演奏することになって、楽譜の紛失が上官にも知られる大騒ぎになってしまい、とても言いだせなくなって、慌てて外から郵送したとか。ありそうじゃない」

「あるいは、楽譜がなくなって困っていることを、音楽隊の隊員から聞いたとか」

「でも――」

佳音はビールの泡を見つめた。

「いったいどうして、楽譜なんて持ち出したんだろうね」

これという理由を思いつかず、唸《うな》りながら皆が考えこんだところに、注文したフードメニューが続々と運ばれてきた。モッツァレラチーズとトマトのカプレーゼだの、ロメインレタスとパンチェッタのシーザーサラダだの、横文字の多いメニューを見てもぴんとこないのだが、実物が現れれば歓声が上がる。湯気の立ち上るラビオリを見て、佳音はごくりと喉を鳴らした。

「ところで、ギルガメッシュってなんだっけ。古い神話だってことは知ってるんだけどさ」

美樹がサラダを取り皿に分けながら、どうでもいいことのように尋ねた。

「ウルクの王よ」

後輩たちに料理を取り分けさせながら、女王様然と安西夫人が二杯めのミモザをすする。

「古代メソポタミアに実在したと言われている、シュメール時代の王様の名前。『ギルガメッシュ叙事詩』という古典の主人公にもなってるの。でもまあ、その話は食事の後にしましょう」

賛成、と美樹たちが声をそろえ、あっという間に箸を握りしめた。消えた楽譜のことなど、とっくに頭から滑り落ちている。

マウスピースから息を吹き込むと、身体が楽器と共鳴する。

管楽器は不思議だ。目を閉じてサックスを抱くように吹き鳴らしていると、全身が楽器の一部になったような気がする。サックスの本体は金属でできているが、葦《あし》を削った薄い板のリードを震わせることで音が出る木管楽器だ。

月曜からパート練習を始めると言われていた。それまでに、『ギルガメッシュ』全曲を通しであるていどまで吹きこなせるようになっておきたい。満足に吹けない状態でパート練習に臨んでも、他のメンバーに迷惑をかけてしまう。

そう思ったから、土曜日だというのに昼から庁舎に出てきて、各個練磨室にこもって特訓を始めたのだった。練習室を共有している美樹は家庭を持っているから、休みの日には出てこない。ひとりで思う存分練習できるのも魅力だった。

第二楽章のアクセント記号を多用するあたりが、狙ったとおりに吹けなくて繰り返していると、せわしないノックの音がした。

「はい?」

休日ぐらい、そっとしておいてほしい。そんな気持ちが、声に少し出たかもしれない。

ドアが開いて入ってきた時、ゴリラ――渡会の表情は、珍しく緊張していた。まるで、開けたとたんに佳音の鉄拳に襲われるのではないかと恐れているようだ。

「なんだ、鳴瀬か」

顔を見るなり、渡会の口からそんな暴言が飛び出したので佳音はむっとした表情を隠さなかった。美樹が来ているとでも思ったのか。

「何よ、何か用？」

「いや、俺とバリトンの斉藤《さいとう》も来てるから、一緒に練習しないかと思って。二階の練習室も空いてるし」

渡会も彼の同期である斉藤も独身で、三階にある内務班の住人だ。おそらく、休みの日でも洗濯と練習ぐらいしかやることがないのだろう。

「もうちょっと個人練習して、後で行く」

「おう、わかった。斉藤と俺は、二階の合同練習室にいるから」

その部屋は、いつもなら新人の訓練に使われている。そこなら、女子を混ぜて練習していても、怪しくないだろうということか。

渡会が姿を消し、マウスピースをくわえてからようやく気がついた。美樹の楽器はテナーサックスで、この部屋を使うのは美樹と佳音しかいない。この部屋からアルトサックスの音がしていれば、それは佳音以外の人間であるはずがない。

(なんだ、鳴瀬か)

そう言った渡会のセリフが、多分に照れ隠しだったことに気づいて、佳音は苦笑した。しかたがない。少しは合同練習にも参加してやるか。

「消えた楽譜事件？」

渡会が呆れたように目を丸くした。

二階の合同練習室で少し休憩をとったときだった。各個練磨室は三畳ほどの小部屋だが、こちらは合奏用の大部屋だ。休日とはいえ、後から村上さんや美樹も来るかもしれないというので、ここにいると各個練磨室にメモを残しておいた。

隣で、バリトンサックスという、子どもの背丈ほどもあるサックスを抱えた斉藤空士長が、いったいなんの話が始まったのかと興味深そうに聞いている。短く刈った髪がやわらかくてふわふわしているくせに、しっかり根元から立つのだ。

斉藤は、タンポポの綿帽子みたいな頭をした男だった。

「まだそんなこと調べてるのかよ」

「気になるじゃない。一度は消えた楽譜が、また戻ってきたんだよ」

「戻ってきたんなら、いいじゃないか。あんまり話を大きくするなよ」

「そんなこと言うけど、あんたは気にならないの。消えただけならともかく、戻ってくるって妙だと思わない」

佳音は、昨夜飲みながら美樹たちと検討したストーリーを話して聞かせた。

「まったく、女子はそういう噂話が大好きだな」

ため息をつくように、渡会がぼやく。

「アホなことばかり言ってないで、練習しようぜ」

「でも、たしかに楽譜が消えたり戻ったりするのって、面白くはありますよね」

「そうでしょ、斉藤くん」

タンポポ頭の斉藤が、興味をひかれた様子で佳音の味方についた。ここぞとばかりに佳音は合いの手を入れる。斉藤が、ほのぼのした外見とは異なり、意外にもミステリ好きなのは知っている。形勢が不利になった渡会が押し黙った。

その時、練習室の重いドアが、大きな音をたててきしんだ。

佳音たちはいっせいにそちらを振り返った。

村上さんが楽器を片手に立っている。村上さんも来週からのパート練習が心配で、若い連中の様子を見に来てくれたのかもしれない。

そう思って、呼びかけようとした時だった。何か変だ、と感じて佳音は口をつぐんだ。

「──『ギルガメッシュ』が戻ってきたのか」

村上さんが静かに呟いた。

「君たちが、それほど楽譜の紛失にこだわっていたとは知らなかったよ」

村上さんの言葉に、渡会はめっそうもない、と言いたげに首を横に振った。

「鳴瀬たちだけですよ、そんな妙なことに興味を持つのは。まったく、好奇心が強いんだから」

やはり村上さんは、サックスパートの若手が土曜日も練習に来ているだろうと思って、様子を見に来てくれたのだった。そこで思いがけない会話を聞き――パイプ椅子を引き寄せて、彼らのそばに腰を下ろした。手には、金色のアルトサックスが輝いている。

「ギルガメッシュというのは、知っているかもしれないが、古代メソポタミアの王様の名前だ。人間の王と女神のあいだに生まれた子どもで、王位につくが、ひどい暴君で手がつけられなかった。神々は相談して、ギルガメッシュに対抗できる者をつくることになった。粘土をこねて野人を作り、エンキドゥと名付けた。ギルガメッシュとエンキドゥは、力比べを行ったが決着がつかず、やがて互いの力を認め合い親友になる」

彼の説明に、佳音は頷いた。それが第一楽章のタイトルにもなった、「ギルガメッシュとエンキドゥ」なのだ。

「詳しいことは省略するが、エンキドゥはある呪《のろ》いのためにギルガメッシュの身代りとして死に、ギルガメッシュは人間の命のはかなさを嘆いて、永遠の生命を手に入れたいと願うんだ。ウトナピシュティムという聖人が永遠の生命を手に入れたと聞いて、ギルガメッシュはウトナピシュティムを捜す旅に出る。それが例の第四楽章だ」

消えた楽譜の部分だった。

村上さんに尋ねるなら、今しかない。そう思った。

「村上さん。実は私たち、村上さんに、道内義和という人のことを教えていただこうと思っていたんです」

「道内――」

村上さんがそっと繰り返す。

「道内さんは、村上さんの同期ですよね。二〇〇四年に定年退職されたことになっているんですが」

たたみかけるように尋ねると、どうしたものかと迷うように、村上さんはしばらく黙りこんでいた。あれこれ、思いをめぐらせているのだろう。指が、サックスのキーを軽く叩《たた》いている。

「――そうだ。道内は私の同期だよ。これから話すことは、外には広めないでもらいたいんだが、いいだろうか」

美樹たちが知れば怒るかもしれないが、ここは村上さんの意思を尊重するしかない。

「道内は、私の同期で、同い年だった」

「えっ、でも――」

目を丸くしたのは、計算の速い渡会だ。村上さんが頷く。

「そう。二〇〇四年の時点で、彼は五十四歳だった」

「だけど、定年退職――だったんですよね」

村上さんが、ゆっくり目を瞬《しばた》いた。その視線が、やはりどこか遠くを見つめている。

「音楽隊の定年って、六十歳――ですよね」

おずおずと、斉藤が口を挟んだ。音楽隊という任務の特殊性から、一般の隊員とは異なる定年になっているのだ。

「そうだ。――音楽隊だったらね」

佳音は思わず身を乗り出し、渡会が同じように前のめりになって聞いていることに気がついた。

村上さんは、自分の手が楽器を握っていることに、いま気がついたかのように、アルトサックスを口元に持っていった。

記憶に残る、ギルガメッシュの一節を軽く吹き鳴らす。村上さんが自由に吹いている時の音色は、その人柄を表すのか、穏やかでそよ風のように恬淡《てんたん》としている。——音楽は、演奏者の心理状態や性格などを露《あら》わにしてしまうのかもしれない。

自分の音は、いったいどんな風に他人に聞こえているのだろう。

村上さんが、そっとサックスを唇から離した。

「道内は、ある理由で音楽を続けられなくなったんだ。楽器を演奏できなくとも、音楽隊に勤務し続ける道が、何かあるかもしれない。そう周囲は勧めたが、道内自身がそれを潔《いさぎよ》しとしなかった。音楽隊の定年は六十歳だが、一般の自衛官の定年は空曹長で五十四歳だ。佐官になれば、五十五歳から五十六歳にまで延びるけど、道内も私も楽器から離れたくなかったので、ずっと幹部への昇任を断り続けてきた」

三尉以上は幹部となり、音楽隊では原則として楽器の演奏者から指揮者に転向することになる。それを嫌って、わざと幹部に昇任しない、村上さんのような隊員もいるのだ。そういう事情を慮《おもんぱか》り、幹部になっても楽器の演奏を続けることができるように配慮しようという動きもあるらしい。

佳音は自分が指揮台に立つ姿を一瞬だけ想像した。

——やっぱりサックスを抱いているほうが、自分の中ではしっくりくる。

「それじゃ、道内さんは音楽隊を辞めたので、自動的に定年退職という形で――」

「そうだよ、鳴瀬さん。あの年、定期演奏会の演目は、『ギルガメッシュ』がメインだった。その曲を終えてから、自衛隊を去るのが道内の希望だった」

だから、定期演奏会の数日後に退職の辞令が下りたのか。ようやく、少しずつ当時の状況が見えてくるようだ。

「それじゃ、『ギルガメッシュ』の楽譜は、道内さんが――？」

自衛隊を去るにあたり、道内さんが持ち去った。そう考えるのが自然なのだろうか。

村上さんは、なかなか答えようとしなかった。佳音は、渡会がなぜか悲しげな表情で村上さんを見つめていることに気がついた。ひょっとすると、彼は何か知っていたのかもしれない。それで、佳音たちの推理を笑いとばし、やめさせようとしていたのかもしれない。

村上さんがゆっくり口を開く。

「私が彼に渡したんだ。――退職の日、第四楽章――『フィナーレ：ウトナピシュティムへの旅』のアルトサックス第二パートを」

荷物を抱えて庁舎を飛び出す。

目の前に停まった大型バスには、もうほとんど全員が乗りこんでいた。佳音は息をはずませてバスのタラップを上った。後ろの席しか空いていない。慌てて最後尾の席にたどりつくと、すぐ前が美樹で、斜め前がゴリラ・渡会だった。村上さんは、ずっと前のほうにゆったり座っている。

「何よ、遅いじゃん」

美樹がちらりとこちらを見て、にやりと笑いかける。

――〇七〇〇《マルナナマルマル》。

日曜日の今日は長野県で〈ふれあいコンサート〉が開催される。大型の楽器や必要な機材などは、昨夜のうちにコンテナに積み込み、会場に先行している。音楽隊のメンバーは、〇七〇〇《マルナナマルマル》に庁舎前から大型バスで出発、三時間近くを車で揺られ、一〇〇〇《ヒトマルマルマル》に会場に到着の予定。一一〇〇《ヒトヒトマルマル》からリハーサルを始め、一六〇〇《ヒトロクマルマル》開演のコンサートに備えるのだ。

――音楽隊だろうが何だろうが、自衛官は体力だ。

彼らの手荷物は、主に楽器とコンサート会場での着替えだった。往復とリハーサルは、常装と呼ばれる通常の制服でいいのだが、コンサート本番となると演奏服という制服が、別に定められているのだ。美麗な肩章や装飾をあしらった、華やかな制服だ。佳音が音楽隊を受験する気になったのは、この制服のせい――も少しはあるかもしれない。

安西夫人が女王様のように悠々と庁舎から出てきて、最後にバスに乗りこんだ。それを合図に、扉が閉まり出発した。

通常のオーケストラなら、演奏者はめいめい現地集合だろうが、音楽隊は違う。駐屯地を出る時から集団行動だ。入隊当初はこの習慣を知って佳音もびっくりしたが、道に迷ってたどりつけない心配もないし、バスに乗っていれば必ず会場に連れていってくれるのだから、今ではこのほうが楽だと思っている。

人間、どんな状況にでも慣れるものだ。

佳音は、窓から外を眺めている村上さんの頭を、見るともなく見つめた。今ごろ村上さんは、どんな思いでいるのだろう。

退職まで、あと二日だった。

(私が彼に、楽譜を渡したんだ)

あの土曜日、村上さんは佳音たちに告白し、古武士のような横顔をわずかに紅潮《こうちょう》させた。

(もちろん、いけないことだとは知っていた。犯罪だからね。私のような年齢で、若い人たちをたしなめなきゃいけない立場にある人間の、することではない。しかし、どうにも――なんだかやりきれなくてね)

(どうして――)

混乱して、何をどう尋ねればいいのか、よくわからなかった。村上さんと道内さんは同期だった。楽器も同じだ。仲だって良かったのだろう。

(道内さんは、なぜ音楽隊を辞めることになったんですか)

渡会が、そう言った。尋ねるというより、村上さんに救いの手を差し伸べたような印象を佳音は持った。やはり、渡会はおよその事情を摑《つか》んでいるのに違いない。彼と村上さんは同室だ。日々の練習や会話の中で、気がつくこともあったのかもしれない。

村上さんは一瞬ためらい、それから、すべての事情を話すまでは納得してもらえないと気づいたらしく、長いため息をひとつついた。

(道内は、片方の耳が突然ほとんど聞こえなくなったんだ)

ふう、と佳音は最後尾の席についたまま、あの時の村上さんと同じように深いため息をついた。隣に座った安西夫人が、ちらりと長いまつげを上げてこちらを見る。

「なあに、年寄りくさいわよ、鳴瀬さん」

「すみません」

しかし、こんな話を自分の心の中にしまいこんでおくのも、辛《つら》いことなのだ。

道内さんが、片方の耳の聞こえ方がおかしくなったと気づいたのは、二〇〇四年の年明け早々だった。合奏をしていても、周囲の音がうまく拾えない。五十四歳という年齢で、耳が遠くなるとも思えない。なかなか周囲には言いだせなくて、こっそり基地の外で耳鼻咽喉科の診察を受けたところ、突発性難聴と診断されたのだそうだ。

治療を受けるために、上官にも報告した。

（突発性難聴というのは、今でも原因が不明なんだそうだ。すぐ医者に見せれば、治る場合もあり、治らない場合もある）

それから数か月治療を続けたが、道内さんの難聴は治らないほうだったらしい。たとえ片方でも、耳が聞こえにくいというのは音楽家として致命的だった。

（たとえば作曲に専念しながら治療を継続して、様子を見るという手もあるんじゃないかと、勧めたんだが）

道内さんには、自分の耳が完治することはないという予感があったのかもしれない。その年の六月初旬の定期演奏会を最後に、彼は自衛隊を退職することにした。

村上さんは、作曲のために昔の楽譜を参照したいという理由で楽譜庫に近づいて、『ギルガメッシュ』の楽譜を一部抜いたのだと言った。

（道内のお守りになってくれるような気がしたんだよ）

第四楽章は、永遠の生命を持つ聖人ウトナピシュティムを、ギルガメッシュ王が捜しさまよう旅を描いたものだ。

自分の身代わりとして死なねばならなかった親友エンキドゥを悼《いた》み、人はなぜ死ぬのか、死なねばならぬのかと思いまどい、永遠の生命を手に入れることができれば、この苦しみから逃れることができるのではないかと、さすらうギルガメッシュ王。

その姿が、村上さんに重なった。

——失われた楽譜。

それは、思わぬ病を得て音楽隊を退くことになった道内さんへの、餞《はなむけ》だったのかもしれない。それに、『ギルガメッシュ』を通しで演奏する機会など、そうそうないと考えての行動だったのかも。

村上さんは、黙って道内さんの荷物に楽譜を忍ばせておいた。

その後、何度か道内さんに会うことはあったが、楽譜の話が出ることはなかった。楽譜を荷物に入れたのは村上さんではないかと、道内さんは薄々気づいていたのだろうか。

そのうち少しずつ彼らは離れていった。

村上さんは、だんだん道内さんに会うのが辛くなっていったのだろう。大好きな音楽から離れることになった道内さんの前に、どんな顔をして現れればいいのか。そう思ったのかもしれない。

やがて道内さんが引っ越したらしく、二年前には、年賀状も宛先不明で戻ってきた。

「ねえ、鳴瀬さん。あなた、近ごろどうしたの」

バスの窓から、ぼんやり流れ去る光景を眺めていると、安西夫人が呆れたように呟いた。

「絶対、何か変よ」

「──すみません」

村上さんに聞いた話は、約束どおり美樹や安西夫人たちにも教えなかった。ちょうど、『ギルガメッシュ』の合同練習が始まって、それどころではなくなったという事情もある。

消えた楽譜の件は、楽譜が戻ってきたために、急速に沈静化しつつあった。

すみませんと謝ったのは、彼女たちに真相を聞かせることができないからだ。道内は音楽隊を去るにあたり、上官と村上にだけ自分の病名を明かしたそうだ。

(縁起でもないことを言って、若い連中に嫌な思いをさせたくないんだ)

そう言って、表向きは家庭の事情と偽って退職することにした。人事発令に「定年退職」と印刷された文字を見て、首をかしげた人間は何人いたのだろう。

安西夫人はそれ以上もう何も言わなかった。

バスは松本に向かっている。

「今日は遠いところまでお越しくださって、ありがとうございます。県教育委員会の蕗沢《ふきざわ》です」

　よろしくお願いします、と頭を下げたのは、グレーのパンツスーツを着た女性だった。さらさらのセミロングのストレートヘアと、いかにも仕事ができそうな服装に、若いが、しっかり者、という印象を受けた。

「企画を担当しました、鳴瀬です。お世話になります」

　名刺を交換する。

　蕗沢さんとは、何度もメールや電話でやりとりをして、プログラムのこまかい点まで詰めていった。『ギルガメッシュ』をぜひ、と頼んできたのも彼女だった。

　とりあえず、その時の印象どおりの、手堅い女性のようだった。

「鳴瀬さんも、アルトサックスなんですね」

　佳音が提《さ》げている楽器ケースを見て、蕗沢が目を細めた。

「蕗沢さんも、そうなんですか？」

　蕗沢は音楽教師の資格を持っていて、県立高校で吹奏楽部の指導をしている、と聞いている。

「いえ、私ではなく――」

「鳴瀬さん、お弁当は一二〇〇《ヒトフタマルマル》に業者が運びこむそうです」

真弓クンが廊下の向こうから、書類にチェックを入れながら大声で報《しら》せてくる。

「うん、わかった」

コンサートの会場は、長野県松本文化会館だ。外に出てちょっと背伸びをすれば、松本城がすぐそばに見えるくらいの――というのは半分冗談だが、近くにあることは確かだ。

長野の秋は早い。紅葉は、山から里へと駆け足で降りてくる。十月初めでまさかと思ったが、松本市内は既にちらほらと木々が色づき始めていて、バスでこちらに向かいながら佳音たちもゆっくり景色を楽しむことができた。美樹と真弓クンは、車中で見かけたリンゴ園が気になっているようだ。

大ホールはおよそ二千席、音響設備も整い、リハーサル用の部屋も準備されている。演奏用の制服に着替えるので、男女別の控室も必要だ。今日は冬用の紺の制服を一着持参しただけだが、コンサートの内容によっては、紺と白の両方が必要になることもある。休憩時間に「お色直し」をするわけだ。

コンサート前の楽屋は、大忙しだった。先発隊が運びこんだコンテナの中から、楽器を運びだす。ステージ・オーダーという、あらかじめ準備した席の配置表のとおりに、椅子や譜面台、ピアノ、ハープ、打楽器などを並べていく。控室は男女別、パート別などに分けて荷物を運びこませ、リハーサルの後で着替えられるように演奏用の制服をハンガーにつるしておく。演奏家だからと澄ましてはいられない。椅子を並べるのも、荷物をほどくのも、自分たちでやるのだ。

照明の操作は、ホール側で手配した業者がすることになっている。ピアノの調律も頼んでおいた。外部の人間が関わるのは、それくらいだろうか。

「それじゃ、私も準備を手伝いますので」

また後ほど、と蕗沢に頭を下げて控室に向かおうとした時、彼女がなぜか慌てたように声をかけた。

「あの、鳴瀬さん」

「はい?」

「村上さんといわれる方は、いらっしゃいますか。アルトサックスのご担当だと聞いているのですが」

「え——村上ですか」

先ほど、控室に荷物を持っていく姿を、目の隅で捉《とら》えてはいた。

「村上にご用ですか。お知り合いでしたか」

「ええ、その——私ではないんですが」

蕗沢が煮え切らない様子で言い淀《よど》み、佳音の視線を避けて誰かを探すように振り向いた。

視線の先を、佳音は追った。

「――」

廊下の向こう、ホールの受付の陰あたりに、小太りの男性が立っていて、佳音と目が合うと、おもむろに頭を下げた。ひどく姿勢のいい男だった。左の耳に、目だたないイヤホンのようなものをつけていた。補聴器だ、としばらくして気がついた。

男がこちらに近づいてくる前から、彼が何者なのか佳音にはわかっていた。

「道内と申します」

やはり、と思った。この男からは、自衛官の匂いがする。

「このたびは、娘がお世話になりまして」

姓が違う。ちらりと浮かべた考えを読まれたのか、蕗沢さんが小さい声で、「結婚しまして」と呟き、左手の指輪を見せた。

「以前、音楽隊におられた道内義和さんですね」

「――はい」

自衛隊を退職してから太ったのかもしれない。おまけに、すっかり日焼けも色あせて、色白な肌に戻っていた。

「すぐ、村上さんを呼んできます」

きびすを返した瞬間、佳音は足を停めた。控室から出てきて棒立ちになり、硬直している村上さんの姿を見たのだ。

「道内――」

声は聞こえなくとも、村上さんがそう呟いたことは、唇の動きを見ればわかった。

道内さんが、深々と頭を下げた。

第一部の後、二十分の休憩をおいて、第二部に入る。

二千席の大ホールは、ほぼ満席だった。

中央後方列に、詰襟《つめえり》とセーラー服姿の高校生が、五十人近く並んで座っている。おそらく、蕗沢さんが話していた「コンクールで優秀な成績を残している吹奏楽部」だろう。蕗沢さんだけかと思えば、なんと道内さんも、ボランティアで吹奏楽部の指導にあたっているそうだ。

道内さんと蕗沢さんは、高校生たちのすぐ横に、ふたり並んで座っていた。

(間に合って、良かったよ)

村上さんと再会を果たした時、道内さんは真っ先にそう言った。佳音にはなんの話だかすぐにぴんときた。二日後に控えている、村上さんの定年退職に間に合って良かったと、道内さんは言いたかったのだ。

(楽譜、長いあいだ貸してくれてありがとう。俺はいま、娘が教えている高校で、吹奏楽部のボランティアスタッフをやっている。補聴器では完璧とは言い難《がた》いが、それでも音楽に触れていれば、楽しいことに変わりはないさ。たまには自分でサックスも吹く)

村上さんがためらいがちに首を振ろうとした。それを、道内さんが押しとどめた。

(実はな、二年前に引っ越したとき、もうおまえに気を遣わせるのはよそうと思ったんだ。おまえはいつも、俺を見るとき、どんな顔をすればいいのかよくわからない、と言いたいような悲壮な顔をしていた。こっちのほうが、悪いことしてるような気がしてなあ。だから、住所も教えなかったし、年賀状もわざと宛先不明で戻るようにした)

(道内、俺は)

道内さんが、ゆっくり首を横に振った。

(でも本当は、おまえを見るのが怖かったのかもしれないな。この耳さえ良かったら、まだ俺だってあそこでサックスをやっていた。そんな風に考えてしまう自分が怖かった。

——うん、それが本音なのかもしれない)

村上さんが、悄然《しょうぜん》と肩を落としかけた。

でもな、と道内さんがかぶりを振る。

(近ごろ、吹奏楽部の子どもたちにサックスを手ほどきしていて——時々ふと思い出すんだ、と道内さんが言った。

音楽隊の庁舎のこと。各個練磨室での会話。遠くで開かれる演奏会のため、午前四時に眠い目をこすりながらバスに乗り込んだ朝のこと。思い起こせば、何もかもが懐かしい——。

(この歳になって、やっと気づいたんだ。何もかも完璧である必要なんて、ないんだな)

俺の人生はわりあい上出来だった、と続けながら、道内さんの目には光るものが溜まっている。古武士然とした村上さんが、涙を浮かべることなどない。ただ、何かをこらえるように、そっと小鼻をふくらませた。

(そうだな、道内)

そう答えて、ふたりの男は、お互いの健闘をたたえ合うような姿勢で、しばらく向かい合っていた。

完璧な人生、永遠の生命。

そんなものはどこにもない。はるかなるウトナピシュティムを捜す旅路は、最後の最後に「そんなものは手に入らない」ことを知らせて終わるのだ。

——ギルガメッシュ王が見つけた、それが真実。

万雷《ばんらい》の拍手のなか、音楽隊の隊員たちは、舞台にしつらえられた席につく。やがてスポットライトの光とともに指揮者が現れ、客席に一揖《いちゆう》すると、くるりと背を向けて指揮棒を振り上げる。

佳音は楽器をかまえた。

隣に座った村上さんが、万感の思いをこめてマウスピースをくわえるのを、横目で見やった。

村上さんの、自衛隊最後の『ギルガメッシュ』が、いま幕を開ける。

ある愛のうた

どうして池袋《いけぶくろ》駅はこんなに人通りが多いのか。

佳音《かのん》は壁に張りついて神経過敏なネコのように目を見開き、耳をそばだててきょろきょろと周囲を見渡した。ここは間違いなく約束の場所、約束の時刻まであと五分。自分のほかにはまだ誰も来ていない。どうせ、ぎりぎりにならないと現れないのだろう。

周囲の建物は、みな味もそっけもないコンクリートとガラスと鋼鉄からできているはずだが、目に入る彩りは赤・緑・黄金・白とカラフルなことこの上ない。行き交う若者たちも、コートやジャケットは紺や黒など地味な色目のものが多いが、差し色の鞄やマフラーでしっかり自己主張を果たしている。天気予報では、昼間は例年より暖かいということだった。確かに、コートを着用して歩いていると少し汗ばむほどだ。

聞こえてくる音楽は、シャンシャンと鳴る鈴の音に彩られたクリスマスソング。

――そう、冬に入ると、街はどこもかしこもお定まりのクリスマスカラーに染め上げられる。

広場には趣向《こ》を凝らしたクリスマスツリーや、ワイヤーやビニールのトナカイとサンタクロースが飾りつけられている。今年のイブは来週の金曜日で、クリスマスは土曜日なのだった。いやがうえにも盛り上がろうというものだ。

——学生時代なんて、毎日みたいにこの辺りを歩いていたのに。

佳音はふうと細い息をついた。

わずか数年前のことだ。たった数年、遠ざかっただけで、街の表情がなんだかよそよそしいのは気のせいではない。学生同士でよく通ったイタリアンのお店が消えている。代わりに、見たこともない居酒屋ができている。そこはかとない距離感に、おまえはよそ者だと遠ざけられる。

しかも、ちょっと見ないあいだに、街の雰囲気が若返ってきれいになったようだ。気のせいだろうか。行き交う若者たちがお洒落《しゃれ》になったのだろうか。たった数年で？

佳音は、自分の紺色のダッフルコートを見下ろした。その下はジーンズに白いセーター。どうも子どもっぽい服装を選んでしまったようだ。私服で外出する機会などそんなに多くないので、さては勘が鈍ったか。

「カノン！」

急にぽんと肩をたたかれた。

「さすが自衛官、時間に正確！」

「アキちゃん！」

アキちゃんこと春田明実《はるたあきみ》が、にこにこしながら立っている。去年のクリスマスに会ったきり、ほぼ一年間会っていないのだが、そんな距離を感じさせない、くったくのない笑顔だった。

「アキちゃん、なんか綺麗《きれい》になった？」

まじまじと見つめてしまった。学生時代の明実は、佳音に負けず劣らず服装にかまわない性質で、学生寮ではスウェットの上下に綿入り半纏《はんてん》など羽織って、平気でうろうろしていたものだ。

今日の彼女は、ニットの可愛いワンピースに淡いピンク色のコートを着て、ふわふわと肩の下までカールした軽い感じの茶髪といい、小さな白いクラッチバッグといい、何もかもがキュートだった。しかも、化粧の腕が見違えるほど上がった。アイメークもチークも、しっかり色が入っているのに、とっても上品。

「そりゃ、毎日化粧するようになれば、腕も上がるわよ」

明実がはにかんだように笑う。時間と手間を惜しんで、演奏会の日以外はメークをさぼりぎみな自分を振り返り、佳音はがっくりと肩を落とした。

――明日からもう少し頑張ろう。

「ミドリもポンちゃんもまだ来てないね。カノンはいつも約束の時間より前に来るから偉いなあ」

「なにしろ職場で仕込まれてるから」

佳音は顔の前で小さくVサインを作ってみせた。学生時代からずっと、明実が彼女の名前を呼ぶと、「佳音」ではなく「カノン」と聞こえる。呼ばれるたびに、自分の周囲にふんわりと音楽が広がるような錯覚にとらわれるのだ。

壁を背にして、隣に並んだ明実の髪からは、さりげなく甘い香りがした。彼女は一般企業の事務職として勤めた後、三年前に教員採用試験に合格して、今は私立中学校の音楽の先生をしている。学校でも、子どもたちに柔らかい笑顔をふりまいて好かれているのだろう。

約束の時刻を五分過ぎた。

通りの向こうから、せかせかと歩いてくる人影が見える。赤信号で立ち止まり、こちらに気づいて人目もはばからず大きく手を振っている。

「ポンちゃんだ」

佳音もそちらに手を振り返した。ポンちゃんこと円山霞《まるやまかすみ》は、メンズライクなミリタリージャケットに、足にぴったり張りつくようなブラックジーンズという身なりだった。背が高いし歩き方も男まさりなので、見ようによっては男性のようだ。およそ性格的には「霞」などというおぼろげな風情《ふぜい》ではない。彼女とは青森・八戸《はちのへ》の高校から一緒なのだが、初対面の日にいきなり、

「あたしのことは、ポンちゃんでいいからね」

と切りだしたのも霞自身だ。霞という名前に違和感を覚えていたそうで、小学生の頃からずっと、ポンちゃんで押し通してきたのだそうだ。意味はないと本人は言うのだが、「かすみ」といういかにもなよやかで女性らしい語感に反発するあまり、やんちゃな男の子のような名前で呼ばれたかったのではないかと佳音は推測している。

「ごめん、お待たせ！」

まだこちら側にたどりつかないうちに、霞が太い声をかけて走ってきた。チェロのハードケースを肩にかけている。体格のいい霞が持つと、大きなはずの楽器も小さく見える。長いストレートの黒髪を後ろでぴっちりひとつに束《たば》ねて、茶色のサングラスを頭に載せている。すっかり垢《あか》ぬけて、モデルか女優のような風格だ。彼女は大手の楽器メーカーに就職して、学校向けの営業をやっているそうだ。かなりのやり手だと自分で言っているとこ

ろを見ると、そうとうなのだろう。

「あとは、ミドリだけなんだけど」

明実の言葉に、霞が首を横に振った。

「ミドリは遅れるって。夜になるかもしれないってさ。さっきメールが来たから」

「そんなに遅くなっちゃうの？　それじゃ、先に買い物する？」

「うん。酒と食べ物は任せるって書いてあった」

誰も指摘しなかったが、須佐緑《すさみどり》が約束の時間に現れないのはいつものことだった。というより、昨年もその前の年も、彼女は結局、最後まで現れなかったのだ。渋谷のライブハウスでプロデューサーをしていて、忙しいということだった。クリスマス前の土曜日となれば、稼ぎ時なのだろう。

「メールがあって良かったね。こんな時でも簡単に連絡が取れるから」

佳音が言うと、霞が学生時代を思い出したのか苦笑いした。

「ミドリの手書きの文字なんか、読めたもんじゃないからね。ほんとにメールで良かったよ」

彼女らは、池袋にある音楽大学の同期生だった。全員が寮にいたので仲良くなって、二年生になった時に四人でユニットを組んだ。

佳音は地面に寝かせておいた楽器ケースを拾い上げた。アルトサックスをハードケースに入れると、けっこうな重量になる。

「何食べる？」明実が尋ねた。

「そうだねえ。キッシュかピザでもつまみたい気分。酒は白ワインかな」

西武百貨店の地下に降りていきながら、明実と霞が買い物リストを検討している。霞は自分の欲望に忠実なので、食べたいものや飲みたいものもはっきりしているのだ。

この三人が並んで歩くと、どうも自分が一番子どもっぽく見えるようで困る。会うたびに感じるそんなひがみも手伝って、佳音はふたりから一歩遅れて歩いた。

「カノンは？　何が食べたい？」

明実からいきなりこちらに会話の矛先《ほこさき》が飛んできて、佳音は「んん」と口ごもった。

「──キッシュいいね」

つい、誰かの尻馬に乗るような真似をしてしまうのも、迷いが多いからだ。本音はなんでもかまわないと思っている。さほど、食べ物にこだわりはない。良し悪しは別にして、自分は欲望が少ないのかもしれない。

「佳音ってさ、今でもひとりで買い物できないとか言うんじゃないの」

霞がエスカレーターの上で振り返り、ちょっと意地悪そうにこちらを見上げた。佳音はぷんと顎《あご》を天井に向けた。

「ひとりで買い物する必要がないんだもん」

「自衛隊にいたら買い物しないの？」

「そもそも、あんまり基地の外に出ないから。基地の中にいれば、そんなにお金を使わなくてすむしね。だんだん出不精《でぶしょう》になっちゃう」

「呆《あき》れたなあ」

霞はバタくさく、広い肩をすくめた。そんな仕草が、嫌になるほど似合う。

佳音がひとりで買い物できないのは、同期生の間では有名な話だった。百円均一ショップですら入るのが怖いのだ。ひとりで店に入っても、何も買えずに店を出てきてしまうのがオチだった。ましてや服を買うなんて、とてもとても。まず、欲しいものがよくわからない。自分に似合うものもわからない。必要なものはあるていど把握できているから、食料品や生活用品ならなんとか購入できる。

そんなわけで、自衛隊の基地内で暮らす生活は、佳音にとってはかなり気楽で快適だ。売店で買うのは生活必需品ばかりだし、運動のためのTシャツなら、さほど迷う必要もない。外出して私服を買うとなると、同期の美樹《みき》あたりに頼みこんで買い物に付き合ってもらうことになるのだが。

霞主導でデパ地下を歩き回り、冷えたワインの白とロゼを一本ずつと、ベーコンとアスパラガスのキッシュ、サラミにチーズを買いこんだ。ついでに紙皿と紙コップ、使い捨てにできるプラスチックのフォークも購入する。

荷物を抱えて向かうのは、明治通りにある貸しスタジオだった。毎年ここを借りることにしている。防音設備がばっちりでグランドピアノがあるのはもちろんのこと、冷蔵庫があって飲食物の持ち込みOKだからだ。学生時代にユニットを組んでいた時にも、よく利用した。一三〇〇《ヒトサンマルマル》——いや、午後一時から五時まで借りても、六千円弱。頭数で割れば、とってもリーズナブルだ。

どこを歩いても、クリスマス、クリスマス、クリスマス。どうせ、このあたりを歩いている人間のほとんどが仏教徒のくせに、キリスト教徒のお祭りにまで食いつくとは節操がない。とはいうものの、どこからともなく軽快なジングルベルや『聖者が街にやってくる』などが聞こえてくると、気持ちが浮き立つのも本音だった。

小さな雑居ビルの、狭い階段を降りていく。借りる部屋も、いつもと同じ部屋だ。

「紙コップでワインって、ほんと味気ないよねえ」

毎年恒例のセリフを吐きつつ、明実がそれぞれのコップに白ワインを注《つ》いでくれた。赤ワインを買わなかったのは、霞が「赤は嫌い」ときっぱり断言したからだ。楽器ケースの蓋《ふた》を開けるより、ワインのコルクを抜くほうが先なのも、スタジオを借りた目的を考えるとどうかと思うが。

「それじゃ、われわれ〈ジンジャーズ〉のますますの発展を祈って」

「かんぱーい！」

三分の二くらい注がれたコップを掲げ、乾杯するようにちょんと端を触れ合わせる。

恒例のクリスマス行事。卒業後も毎年続いている珍しいセレモニーだ。〈ジンジャーズ〉は佳音ら四人のユニットの名称だった。今はただの仲良しグループで、ユニットとしての活動は行っていない。こうして会って気が向けば、ふらっと演奏を始めることはある。だから、霞も佳音も面倒だが楽器を持ってくる。そのていどのことだった。

音楽大学を卒業しても、みんなが望みどおり音楽の道に進めるわけではない。演奏家として活動を続けることができるのは、学生時代にコンクールでいい成績を上げたり、楽団にたまたま自分の楽器の欠員が出て、オーディションに合格して楽団員に迎えられたりしたケースに限られるだろう。割合としてはほんのひと握りだ。明実のように学校の音楽教師になったり、音楽教室で楽器を教授して生活の糧《かて》にできたりすれば幸せなほうだった。あとは、霞や緑のように音楽の周辺にある仕事をするくらいだ。まったく音楽とは関わりのない事務職についた友達も大勢いる。

佳音は「超」がつくくらい幸運な部類だった。

卒業を前にして、自衛隊の音楽隊という選択肢があると教えてくれたのは、学校の就職課だ。音楽隊が何をするところかもよく知らず、自衛隊に対しても漠然としたイメージしか持たなかった佳音は、とりあえず制服を見て興味をかきたてられた。こんな制服を着て演奏できるのなら、いいんじゃないかと思った。正直なところ、わりとミーハーだ。

音楽隊のサックスパートに欠員が出たのも、幸運な偶然だった。自衛官としての厳しい訓練や集団生活になじめない人間なら、音楽隊の生活は辛《つら》いものになったかもしれないが、佳音の場合はどうやらそれも性格的に向いていたようだ。そもそも、音楽以外のことにはそれほど興味が強くない。二か月ほど前には、村上さんの退職にも立ち会って、自分のこれからの数十年にも思いをはせることができたし——。

「それで？　佳音は昇任試験に合格できたの？」

キッシュをプラスチックのフォークで切って口に運んでいると、霞がにやにや笑いながらいきなり尋ねた。口を押さえて咳きこみそうになる。

「なによ、もう！　急に」

「昇任できなきゃ音楽隊を続けられないって、去年言ってたじゃない」

なにもそんな話を、楽しい集まりで持ち出さなくてもいいのに。

佳音は頬をふくらませながら、首を横に振った。

「まだよ。来年の春にはきっと受かってみせるんだから」

「だめじゃん、せっかくいい仕事に就いてるんだから、ちゃんと勉強して受からなきゃ」

「そうだよ、カノン。演奏活動を専門にできるなんて、本当に幸せなことなんだから」

明実までが霞と一緒になって説教を始めたので、佳音はぶつぶつ言いながらワインを口に含む。

――まったく、いつまでもおみその扱いなんだから。

音楽隊員として生活するうちに、自分だってずいぶん成長したはずなのだが、その成長ぶりを彼女たちに見せられなくて残念だ。

「だけど、佳音が自衛官になるなんてねえ。毎年会うたびに思うけど、ほんとに信じらんないわ」

霞がワインのコップを揺らしながらからかうように言った。

「え、そうかな?」

明実が頬づえをついて微笑んでいる。

「最初の頃は会うたびにびっくりしたよね。カノンの姿勢が良くなってて」

「それは、最初に生活態度を厳しく仕込まれるから」

「そういえば、渡会《わたらい》くんは元気？　あいつも一緒に働いてるんだってね？」

霞は渡会とともに佳音の高校の同級生で、同じ吹奏楽部に所属していた。当時、既にチエロを習っていた霞だが、高校では弦楽サークルのようなものがなかったので、部活動では大柄な体格を生かしてパーカッションをやっていた。

「あいかわらず憎らしいぐらい元気よ。毎日、基地の中を十キロぐらい走りまわってる」

同僚の渡会は、今では航空中央音楽隊のサックスパートにいる。演奏会では隣に並ぶことも多い。日焼けして真っ黒な顔と鍛えた身体つきは、音楽隊員というよりレンジャー部隊のようだ。

その会話を皮切りに、霞は職場の愚痴をこぼしはじめた。彼女は関東地方の中学・高校を中心に、吹奏楽部の顧問や音楽教師向けに楽器を営業してまわっているのだ。楽器の販売からメンテナンスはもちろんのこと、今では低予算の吹奏楽部のために、楽器のリースも提供しているそうだ。そういう地道な努力が、音楽に関心のある子どもたちを育てて裾《すそ》野《の》を広げていくのだと、去年までは意気込んでいたはずなのだが。

「営業部の上司ったらさ、若い女の子が入ってきたら、すっかり鼻の下伸ばしちゃって」

どうやら、上司が新人の女性を甘やかすのが気に入らないらしい。私立大学の文学部を出たその新人が、どれだけ仕事ができなくて常識がないか、霞は熱弁をふるっている。明実は人あたりのいい笑顔で、ときおり相槌《あいづち》を打ったり合いの手を入れたりしながら、うんうんと聞いてやっている。

明実も中学教師の採用試験に合格するまでは、一般企業の事務職をやっていたから、企業の中での女性社員同士のトラブルをよく理解しているらしい。説教くさいことなど何ひとつ言わずに、ただ時に適切な言葉を補い、霞のストレスを発散させてやっている。

こういう真似は、自分にはとうていできないと佳音は嘆息した。企業に勤めた経験がないからだろうか。なんだか、霞たちの会話が自分とは違う世界で交わされているように思えた。

ふと、来年四月に予定されている〈ふれあいコンサート〉の曲目が頭に浮かんだ。曲目を検討するのは佳音たちの仕事で、そろそろ新しいレパートリーを入れたいところだ。

曲目を考えているうちに、各個練磨室の様子が目に浮かんだ。美樹は家庭を持っているので、休みの日にわざわざ練習室まで来ることはないが、渡会たちはどうせ暇だからと練習しているのだろう。

(あたし、どうしてここにいるんだろう)

ひょっとして、楽器の練習をしていたほうが良かったんじゃないか。本当は練習室でサックスを吹いていたかったんじゃないか。

気がつくと、霞と明実が黙りこくってこちらを注視していた。

「やあねえ、もう。ぼんやりしちゃって。あたしの話、聞いてなかったでしょ、佳音」

「疲れてるんじゃないの、カノン」

――しまった。慌てて首を横に振る。せっかく昔の仲間と集まっているというのに、仕事に心を飛ばすとはなんたる醜態。いや、醜態というよりもったいない。時間の使い方を間違えている。

「だいたいさ、佳音は他人に興味がないんだよね。他人の悪口を言いたがらないってのは、いいことなのかもしれないけどさ」

「えっ、そんなことないって」

これでも人並みには、他人にも関心を持っているつもりなのだ。霞はほうと吐息をついてワインを飲んだ。

「ポンちゃん、最近は何を弾いてるの？」

明実が、サラミをそいで皿に並べながら尋ねる。彼女は話題を変えるのも上手だ。

「んん、最近はあんまり。時間取れなくてさ」

霞が、珍しく視線を落として答える。

「卒業記念のコンサート。あのへんがあたしのピークだったかなあ」

霞の長い嘆息に、明実がぷっと吹き出した。

「やめてよポンちゃん、まだ若いんだから。ピークだなんて、人生終わったみたいな言い方しちゃって」

はい、と皿に丸く並んだサラミを渡すと、霞の長くていかにも力のありそうな指がそれをつまむ。白くて大きな歯といい、霞はどこもかしこも押し出しが良くて男まさりだ。

「だけど、確かにあのコンサートは良かったよね。あれだけの密度で音楽をやれることって、そうそうないと思う」

明実が昔を懐かしむように言って、それからはっとしたようにこちらを振り向いた。

「もちろん、カノンは今のほうが充実してるかもしれないけど」

明実ったら、そんなにあちこちに気を遣わなくてもいいのに。そこまで全方位に向けて神経を使っていたら、疲れてしまうだろう。

「今も頑張ってるけど、卒業コンサートは本当に良かったよね。毎日練習して、終わったらみんなで美味《おい》しいもの食べて飲んでさ。楽しかったなあ」

佳音たちが卒業した音楽大学では、卒業前の十二月に四年生がそれぞれの専攻を生かして発表会を行うことになっている。ソロで演奏してもいいし、即席の室内楽団を作ってもかまわない。佳音たちは、気心の知れた〈ジンジャーズ〉で舞台に立った。明実のピアノ、霞のチェロ、緑のドラム、佳音のサックス。演奏した曲は――。

「曲はさあ、最初の選曲のほうが良かったと、今でもあたしは思うけどね」

「ポンちゃんったら、また言ってる」

佳音は苦笑した。

卒業の年から、霞はずっと同じことを繰り返している。もともと、卒業コンサート向けの曲をなかなかひとつに決めきれなくて、定番ジャズのメドレーにしようと考えたのだった。その流れを決めるのも難しかった。自分たちで編曲しても良かったが、ありものの楽譜を見つけてくるほうが楽だ。

明実がついと席を移動し、ピアノの前に座った。蓋を開いて、慣れた様子でしばらくぽろぽろと鳴らしていたと思うと、こちらを見てにっこりした。

「それじゃ、久しぶりにセッションしてみる？」

望むところだ。佳音も霞も、楽器ケースを開いて準備を始めた。

「やっぱり、あの卒業コンサートの頃が、あたしのピークだったんだなあ」

チェロを抱いたまま、霞がしみじみと呟《つぶや》いた。左手は弦をつま弾いて遊んでいる。

卒業コンサートでやったメドレーを演奏して、それから〈ジンジャーズ〉の十八番だった『ルパン三世のテーマ』や、『宇宙戦艦ヤマトのテーマ』などのアニメソングを演奏すると、休憩しようと明実が目くばせした。

「なに言ってるのよ、ポンちゃん。仕事が忙しいから練習ができてないだけじゃない。ちょっと練習すれば、すぐに勘が戻るわよ」

「そうだよ、ポンちゃん。今日はミドリがいないから、リズムが取りにくいんだよ。また時々集まって練習しようよ。すぐ元に戻るって」

明実と佳音がこもごも慰めの言葉をかけても、霞はかすかに苦笑いを浮かべているだけだ。

「慰めてくれてありがとう。だけどね、あたし別に、腕が落ちたからってそれほど悲しんでるわけでもないんだ。だって、それはあたしがいま仕事に夢中になっていて、好きなチエロの練習に割《さ》く時間すら取れないってことでしょ。そりゃ残念ではあるけど、もうあたしの一番めがチエロではなくなった、ってだけのことなのよ」

「ポンちゃん――」

明実が後を続けようとして、小さくあっと叫んだ。手の指が、テーブルに載せた紙コップに当たり、ひっくり返したのだ。底に少し白ワインが残っているだけだったが、床に甘い匂いのする液体がこぼれた。

「大丈夫？　アキちゃん」

「ごめん！　雑巾《ぞうきん》を借りてくるね」

慌てた様子で明実がスタジオを出ていった。彼女があんなにうろたえるなんて、珍しいことだ。学生の頃から、まるで〈ジンジャーズ〉メンバーの長姉のように面倒見が良くて、ソフトだけれど頼りがいのあるタイプだった。

「アキったら、不安定になってるのね」

霞がワインの香りのする息をふうと吐く。そういう陰のある表情を見せると、いかにも大人の女という印象だ。

「不安定？」

「ほら、結婚が決まったから」

「えっ？」

佳音はぽかんと口を開き、それから急いで口を閉じた。「みっともない！」という、安《あん》西夫人《ざい》の叱咤《しった》が聞こえたような気がした。霞が眉《まゆ》をひそめる。

「うそ、佳音知らないの？」

「知らない、知らない」

ぶるぶると勢いよく首を横に振った。しばらく明実とも連絡を取り合っていなかった。

今日の会は、霞が幹事としてみんなに連絡をくれて、日取りや待ち合わせの場所を決めたのだ。

「やっと相手が覚悟を決めたって。来年の夏ごろ、挙式みたいだよ。ま、そのうち正式に招待状が届くだろうけど」

「相手は勤務先の学校の先生とか？」

霞が一瞬、妙なものでも見たように目を瞠《みは》った。自分は何かまずいことを口走ったのだろうか。

「何言ってるの。あいつだよ、声楽科にいた木内慎太郎《きうちしんたろう》ってやつ。確かに今は、母校の中学で音楽教師をやってるけど」

言われて、それらしい人物のことをぼんやりと思い出す。そういえば、木内という青年がいた。声楽科のレッスン室は、ピアノ科のすぐそばにあって、明実を捜しに行くとレッスン室の前で鉢合わせしたりしたものだ。佳音は顔すら思い出せないのだが、ひょろりと背の高い、手足の長い男の子だったような気がする。

「そりゃ、アキが結婚決めちゃったら、ミドリも来にくいよねえ」

霞が何を言ったのか、しばし佳音は理解が追いつかずに凍りついた。血のめぐりの悪い頭に、じわじわと言葉の意味が浸透する。

まさか――明実と緑は、その木内某《なにがし》という男子学生を取りあって、三角関係だったのか？　おまけにその事実を、今の今まで自分は知らなかったというのだろうか？

「ミドリと木内くんって――」

おずおずと尋ねる。

「すっごく仲良かったんだよ。あたしはてっきり付き合ってると思ってたんだけどな」

霞が肩をすくめた。

「ごめんね、待たせちゃって」

明実が濡れ雑巾を手に、スタジオに駆けこんできた。噂話タイムは終了。霞がそ知らぬ顔で雑巾をくれと手を伸ばす。佳音は明実が部屋を出ていく前の表情に戻ろうとして、強《こわ》張《ば》った顔がいうことをきかずに難渋した。

「途中で電話がかかってきちゃって」

そのひと言で、霞はぴんときたらしい。

「電話って木内くんから？　クリスマス前だし、呼び出しがかかったんじゃないの。行ってやんなさいよ」

「だって、今日はせっかくみんなと会ってるんだから」

明実がもじもじと俯《うつむ》く。この明実の表情は、佳音にも見覚えがある。本心を隠したい時や、本音よりも建前を優先させようとしている時に、彼女はこんな態度を取るのだ。

霞が腕を組んだ。

「何言ってんのよ。もうじき結婚する相手でしょ。少しでも一緒にいたいっていうんだから、いてあげなさいよ。あたしたちは、いつでも会えるんだから」

霞の言葉に背中を押されたように、明実は何度も「ごめんね」と謝りながら、スタジオを駆けだしていった。またすぐ会おうね、と言い訳のように口にした言葉が、いつまでもふわふわとスタジオの中に甘く漂っている気がする。

「あーあ、やってらんない」

雑巾をぽいと床に投げ捨てて、霞はごろりとスタジオの隅にあるソファに寝転んだ。その横に、佳音は浅く腰をかけた。なんだか、こっちもすっかり気が抜けた。

「ポンちゃん、大人だなあ」

本当は、明実に行ってほしくなかったくせに。四人の中でも、霞は明実と特に仲が良かった。まあ、明実は誰とでも仲が良かったのかもしれないのだけれど。

霞が鼻の上に皺《しわ》を寄せて苦笑いを浮かべた。

「このくらいは当たり前でしょ」

「まあね」

時計を見ると、もうじき五時になるところだった。スタジオを借りられるのも五時までだ。

「佳音は何時までいられるの？」

「九時半ぐらいに池袋を出れば大丈夫だと思う」

「それじゃ、憂さ晴らしにふたりでどっか行って飲むか」

いつもなら、スタジオで演奏した後は、みんなで飲みに行って大騒ぎするのが恒例行事だったのだが。明実が結婚する。そうしたら、来年のクリスマスには、またこうやって集まることはできるんだろうか。

荷物をまとめて部屋を出る間際、霞がドラムセットのシンバルを長い指ではじいた。シャーンと、胸騒ぎのする音が響いた。

「そう言えば、卒業コンサートの前っていろいろ変なことが重なったんだよね」

スタジオの近くに美味しそうなイタリアンの店ができていた。きのこのマリネや、ムール貝のワイン蒸し、パスタなどをテーブルに並べて、霞は白ワインを無造作にぐいと喉に流し込んだ。昔から酒に強い。彼女の言葉に、佳音も頷《うなず》きながらテーブルに身を乗り出す。

「そうそう！　不思議なことがあったよね。目覚まし時計事件とか」

「そう。校舎の不思議な光事件もね」

目覚まし時計事件は、寮生にとって忘れられない一日を作ってくれた。

ある冬の日曜日の午前七時ちょうど、電子音の『愛の讃歌』が突然鳴り始めた。どう聞いても目覚まし時計の音だった。いつまでたっても鳴りやまない。日曜日の午前七時と言えば、ほとんどの学生がベッドの中で惰眠をむさぼりたい時刻だ。鳴りやまない目覚まし時計に叩き起こされた学生たちは、誰の部屋かと犯人捜しを始めた。

鳴っている部屋はすぐにわかったものの、三〇六号室のキョンちゃんと呼ばれる住人は旅行に出かけていて不在。さては、目覚まし時計をセットしたまま忘れていったか——と疑った学生たちが舎監に鍵を借りてドアを開けたところ、目覚ましは前日、住人の留守中に届けられた小包の中で鳴っていた。ポストの中にあった荷物の差出人は不明。宛先も、「愛しのあなたへ」としか書かれていなくて、本当にその部屋の住人に送られたものかどうかすらわからなかった。

「ねえポンちゃん。あれってやっぱり嫌がらせだったのかなあ。誰かの悪戯《いたずら》？」

「結局、犯人は見つからなかったわね」

「あの後、一日じゅう耳の奥で曲が鳴り響いていたよ」

「朝っぱらから、電子音の『愛の讃歌』を聞かされ続けるってのもねえ。悪夢だったわ。アキの隣の部屋だったでしょ。気味悪いし、鳴りやまなくて困ってたよね」

「そう。宛先が例のとおりだし、曲が曲だけに、男の子がキョンちゃんに贈ってきたんだって、みんなが大騒ぎして」

「みんなそういうの大好きだから」

目覚まし時計を受け取ったキョンちゃんが、その後、誰かに告白されたという話も聞かない。だから、てっきり誰かの悪戯じゃないかということになった。その後もしばらくは、寮生のあいだで自主的に探偵団なるものが結成され、目覚まし時計の謎を追いかけていた。霞は探偵団の中核メンバーだった。〈ジンジャーズ〉のメンバーは、折にふれ霞に引きずりこまれるように探偵団の活動に参加した。探偵団と名乗りながら、結局ろくに探偵めいたことはせず、集まっては喋《しゃべ》ったり飲んだりすることが多かったことも確かだが。

「そう言えば、あの目覚まし時計、どうなったのかなあ」

「さあね。キョンちゃんが気味悪がって、寮に寄付したんじゃなかった？」

誰から送られたものかもわからない時計を、枕元になんて置きたくない気持ちもよくわかる。しかもアラームの音楽は『愛の讃歌』。

「校舎のほうは、もっと手が込んでたよね」

「あれはひとりのしわざじゃないね」

佳音たちが通った音楽大学の敷地はずいぶん広かった。なにしろ、大学と附属の中学・高校が同じ敷地内にまとまっていて、大学の寮がすぐ裏にあるという大規模なものだ。大学には、個人用のレッスン室がずらりと並ぶ十階建てのレッスン棟があった。誰もいないはずの深夜、たまたま大学の近くを通りかかった学生が構内を覗くと、植え込みを透かしてレッスン棟がよく見えた。

ふだんは真っ暗で何も見えないはずなのに、変だなと思ってよくよく目を凝らすと——レッスン棟の、ところどころの窓が開き、旗が上がっていたり照明がついたりしていた。全部開いた窓と半分開いた窓があったり、規則性があるのかないのかすらよくわからない。〈ジンジャーズ〉のメンバー四人も、見に来いと友人に呼び出されて、わざわざ現場に駆け付けたのだった。

「あれは何がやりたかったのか、よくわかんなかったわ」

霞が当時のことを思い出したように、苦笑いしながら頭を掻《か》いた。

「暗号じゃないかって、ポンちゃんが推理してたじゃない」

音大生に伝えたいことがあって、わざわざ音大の建物を使ってメッセージを送ったのじゃないか——というのが、霞の推理だった。

「私がっていうより、探偵団のみんながね。そう推理していたわけ。だけど、肝心のメッセージの内容が誰にも伝わらないんじゃ、暗号の意味がないわよ」

「暗号の読み方を知っている誰かが、メッセージを読み取ったけど黙っていたのかも！」

佳音の言葉に霞が苦笑する。

「まあね。誰かに伝わったのかどうか、それすらも私たちにはわかんなかったもんね」

ごそごそと鞄の中を探り、霞が取り出したのは携帯電話だった。

「あの時、写メ撮ったんだよ」

「えっ、ポンちゃん、あれから一度も携帯替えてないの」

霞の携帯が、傷だらけになっているのに目を留める。

「うん。どうせ電話とメールくらいしか使わないし、携帯にお金かけるの嫌だし。電池だけ交換してやれば、充分使えるからね」

霞はきっぱりと断言する。あいかわらず男らしい——と佳音は目を瞬《しばた》いた。

「古いから写真もイマイチだけど」

それでも、校舎の全景がよく写っている。レッスン棟は十階すべてがレッスン室だ。個人用の小さなレッスン室もあれば、数名から数十名が合奏できる合同レッスン室もあるのだが、道路側から見える引き違い式の窓は、すべての階に十二あって、みんな同じ形、同じサイズをしている。つまり、十二かける十階分の窓が、ずらっと並んでいるのだ。

ちょっと変わったデザインの建物で、偶数階の壁には窓と窓をつなぐように淡い緑色の横線が入っている。なんでも、この校舎を建設した初代校長の哲学だそうだ。お寺の定《じょう》規筋《ぎすじ》というものがあり、格式を表す塀の横線が五本だと最高に格が高いので、うちの学校の格の高さを表しているのだとか、入学当初に聞かされたけれども忘れてしまった。

「ええと、左側から順番に、六階、一階、六階、五階、四階、三階、四階、七階、七階、一階の窓の明かりがついていたと。右端の列はひとつも明かりはなし。左のひとつと、右の四つは窓が全開になっていて、残りの窓は半分だけ開いてたのよね。写真が小さいからよく見えないけど、三階の窓だけ、旗が出てたんだよね」

「そうそう。見物人の誰かが肝試しだって言って、レッスン棟に入っていって、三階の旗を取ってきちゃったんだよ。イギリス国旗だったんだよね。けっこう大きなやつ」

「あの旗、しばらく学校の食堂に飾ってあったけど、そのうちなくなってたよね。どこに行ったんだろうね」

さあ、と霞が肩をすくめる。そのままだと警察沙汰《ざた》になったかもしれないが、学生たちはすぐにそれが自分たちの仲間の誰かの〝犯行〟だとぴんと来た。だから、ひと通り楽しんでしまうと、窓を閉めたり照明を消したりして、後始末に走りまわった。その指揮をとったのも霞だ。

「もしあの窓が暗号だったとすると、何かの言葉を当てはめるのか――『あいうえお』？　それともアルファベットかな」

「あの時もさんざん考えたじゃない、佳音。今さら見直したって一緒だよ」

「まあね。この写真、私ももらっていい？　帰ってじっくり検討してみたいから」

「あんたも物好きねえ」

霞の携帯は赤外線通信すら使えないタイプで、メールに添付して写真を送らせる。彼女が言うとおり、今さら検討したところで新発見はないかもしれない。それでも、持ち帰って美樹たちに見せれば、話のネタにはなるし、佳音にとっては思い出にもなる。

「この頃ってほんと、めちゃめちゃ楽しかったもんねえ」

霞がぽつんと呟く。

「私、この写真がなくなるのが嫌で、携帯の機種変更をしなかったのかもしれない」

そうなのだ。自分の将来についての不安や、漠然とした未来への恐れはあったものの、くだらない悪戯や、ちょっとした音楽活動の合間に四人で集まって話しこむ時間などが、それを十二分に補っていたのだ。

楽しかった。霞の言うとおりだ。携帯の機種変更ぐらいで写真のデータがなくなるというのは霞の思い込みだが、なんだかしんみりしてしまう。

「アキちゃんと結婚する木内くんって、いい人だといいね。その、来年以降もクリスマス前のひと騒ぎ、やりたいよね」

佳音の言葉に、霞はおおげさに目を丸くしながら、ムール貝を口に頬張った。

「当然！」

霞の携帯が短く鳴った。メールの着信のようだ。

「ミドリからだ」

「なんて？　来られそう？」

「ダメ。遅くなるから無理だって。そのかわり、来週の土曜日、クリスマスの夜に学校で会えないかって」

緑はライブハウスのプロデューサーのくせに、クリスマスの土曜日なんて一年で一番忙しい日ではないのだろうか。

「学校？」

「われらが母校のことでしょ。見せたいものがあるからみんなにも伝えてだって」

いったいなんの話だろう。佳音は霞と顔を見合わせた。

翌日は、珍しく仕事のない日曜日だった。

音楽隊には、演奏活動の依頼が年間に数百件はある。すべてに応えることは物理的に無理なので、実際には一年に百回ていどの演奏活動を行っている。土曜、日曜の演奏活動も多いのだ。

休みだとはいえ、仕事でなくとも楽器には毎日触れておきたい。どのみち、休日だからといって予定があるわけではない。佳音は昼過ぎから個人練習を始めることにした。同じように、独身で基地の中に住んでいる隊員たちが、各個練磨室にこもって練習している。庁舎に入ると、防音の練習室からかすかに音が洩《も》れ聞こえてくる。

「あれ、美樹」

練習室に先客がいたので驚いた。同期の吉川《よしかわ》美樹三等空曹は、早々と結婚して基地の外に家庭を持っている。休日にわざわざ練習に出てくることはあまりない。テナーサックスを抱えてぼんやりしていた美樹は、佳音の声に振り向いた。

「佳音も来たんだ」

「そりゃ、私は暇だもん」

「昨日の飲み会はどうだった？」

〈ジンジャーズ〉のクリスマス前セッションのことを、美樹たちにはわかりやすく「飲み会」と表現しているのだ。

「うん、楽しかったよ」

美樹の様子がいつもと違う。さては、と佳音は心の中で頷いた。

――ダンナと喧嘩《けんか》したな。

美樹は陸上自衛隊の自衛官と結婚しており、めったにないことではあるが、この夫婦はたまに壮絶な夫婦喧嘩をやらかすことでも有名だった。ただし、彼らの喧嘩は日常生活の潤滑油のようなものであって、美樹は性格があっさりしているので長くは引きずらない。月曜になればすっかり忘れているはずだ。

だとしても、今日一日こんなに魂の抜けたような顔で放っておくのも気の毒だった。元気が出るような話をしてやらなくては、友達甲斐《がい》がないというものだ。

「そうだ。美樹なら何かわかるかな」

彼女を元気づけるには、ゴシップや謎めいた話を持ち出すのが一番だ。なにしろ、隊内で一番の地獄耳を標榜《ひょうぼう》している。

「昔、うちの学校で、妙な事件が起きたの」

「事件？」

案の定、美樹がきらりと目を輝かせる。その彼女に、「目覚まし時計事件」と「校舎の不思議な光事件」を話して聞かせた。

「その写真見せて、見せて」

美樹は夫婦喧嘩のことも忘れ、すっかり話に夢中になっている。既に頭の中からサックスは抜け落ちているようだ。

昨夜、霞の携帯から送ってもらった写真を見せると、何度もためつすがめつしたあげく、首をかしげた。

「この建物、面白いデザインだよね。まるで五線譜みたい」

「は？」

何を言われたのか一瞬理解できず、佳音は驚いて美樹の背後に回り、彼女の肩越しに携帯の画面を覗きこんだ。

「ほら、二階、四階——と、偶数階に横線が入ってるじゃない。全部で五本の線が入っているから、五線譜みたいに見えるのよ」

「そう言われれば——」

お寺の格式だの何だのという言葉を信じていたので、そちらに意識を向けたことがなかったが、音楽大学の建物に五本の横線が入っていれば、五線譜だと言われても納得だ。

「これ、窓が音符の代わりなんじゃないの」

「たとえばだけど、窓の開き方が音の長さを表していると見たらどうかな。全部開いた窓が四分音符で、半分の窓が八分音符とかね。階数は音階を表しているの。明かりがついてない列は休符ね」

「音符？」

「ということは——」

五線譜は、下から第一線、第二線……と上がっていって、一番上が第五線。線と線とのあいだを、第一間、第二間……と呼ぶ。

「線が入っているのは二階が最初だから、二階が第一線。一階は下第一間ね」

美樹が手近にあった白紙をつかみ、乱暴に五本の線を引いた。

「ト音記号かへ音記号か、これだけじゃわかんないけど、より一般的にト音記号を選ぶとすると、ひとつ目の六階の全開窓は、ハ長調ならシの音で四分音符を表すわけね」

校舎の窓を確認しながら、ひとつひとつ簡易五線紙を音符で埋めていく。

「じゃ、三階の窓にイギリスの国旗が突き出てたのは——」

佳音ははっとした。うっすら何かが見えてきたようだ。

「それ、旗は上向き？　下向き？」

「上！　上を向いてた！」

「それじゃ、シャープでしょ。半音階上げるってことじゃないの」

——なんということ。

美樹が書きあげた十一の音符を眺めて、佳音は唖然《あぜん》とした。これは、当然自分たちが気づいてもいいはずだったのに、誰も気づかなかったとはどうしたことか。

いや、理由はよくわかる。この校舎があまりにも身近にありすぎて、美樹のように客観的に楽譜だと見抜くことができなかったのだ。

美樹はサックスを取り上げ、いま現れたばかりの曲を、ダメ押しにゆっくり吹き鳴らした。その音を聴くまでもなく、楽譜を見ただけで佳音には曲のタイトルがわかっていた。

——エドワード・エルガー『愛の挨拶』。

「だからね！　わかったのよ、ポンちゃん。校舎の光の謎が解けたの。エルガーの『愛の挨拶』！　楽譜だったのよ、あの光が！」

『ちょっと待ちなさいよ、佳音ったら。そんなに興奮しないで。楽譜が何ですって？』

電話の向こうで、霞が呆気《あっけ》にとられる顔が目に浮かぶ。佳音は美樹の推理を説明して聞かせた。楽譜を見せることができないのがもどかしかったが、ついには霞も自分で五線を引いて楽譜を書いてみたようだ。この曲には楽器によって様々な調の楽譜があるが、メロディを聞けばまちがえようがない。

「ね、わかったでしょ。ちなみに、イギリス国旗が半音階上げるために使われたのは、エルガーがイギリス人だからじゃないかな。ヒントだったのよ、一種の。校舎の事件も、愛という言葉がタイトルに含まれる曲に関係していたなんて、意味ありげじゃない。『愛の讃歌』に『愛の挨拶』。これって、どちらも同じ人間の愛の告白だったんじゃないの」

霞の長い嘆息が聞こえた。感心したのかと思ったら、どうやらため息だったらしい。

『もしそうだったとしてもさ、佳音。送り手がすごく間抜けだってことじゃない？　だって、誰から誰への告白なのかが、全然わからないんだから』

「う、それは――」

霞の言うとおりだった。『愛の讃歌』がセットされた目覚まし時計を受け取ったのは、キョンちゃん。しかし、彼女はまったく心当たりがないと言っていた。ひょっとすると、送り手は寮の部屋番号を間違えたのかもしれない。

「確かに、そうかも――」

あの事件は、ドジで間抜けな誰かから、誰かへの愛の告白だったのか。それは、結局謎に包まれたまま終わるのか。考えてみれば、そのほうがいいのかもしれない。「目覚まし時計事件」も「校舎の不思議な光事件」も、卒業間近の佳音たちの学生生活を最後までわくわくさせてくれた。それだけで良かった。

「だけど、あの後、学校で新しいカップルが誕生したりはしなかったのかな。卒業間際の駆け込みカップル、いかにもありそうでしょ。誰が送り主だったのかわからないけど、あの二件で諦《あきら》めたとは思えないし。後で相手にちゃんと告白したんじゃない？　ポンちゃんなら知ってるかと思って」

『私が知ってるのは、アキと木内くんぐらいだけど』

霞がいかにも半信半疑のような声で答えた。

「木内くんとアキちゃんって、卒業コンサートの頃から付き合ってるの？」

『そうよ。卒業コンサートの後に、木内くんがアキに花束を渡して告白したのよ』

「えっ、やるう」

それはびっくりだ。ということは、もう何年越しの付き合いなのだろう。自分がそんな派手なイベントがあったことに気づいていなかったということにも驚いた。

『あのふたり、探偵団のイベントで会ってるうちに仲良くなったんだって。佳音は、あの頃ずっと、別のことに気をとられてたもんね』

霞が同情するように言った。

『青森に帰るか、自衛隊に入るかって、まだ迷ってた頃でしょう』

そう指摘されて、ようやく当時のことを思い出す。指摘されないと忘れているくらい、佳音にとっては遠い記憶だ。今から思えば、どうしてあの頃はそんなことで迷っていたのかと理解に苦しむくらい、居心地がいいのだが。

佳音自身も、就職課から音楽隊を勧められるまで、どうやって採用試験を受けるのかすら知らなかった。自衛隊地方協力本部に採用試験の受験を申し出ると、毎年九月頃に開催される音楽隊部隊説明会に参加するよう指示される。音楽隊に入るためには、まず自衛官として採用されなければいけない。九月に「一般曹候補生」もしくは「自衛官候補生」の採用試験を受け、合否の通知が届くのが十月ごろ。合格すれば三月末にはめでたく自衛官なのだが、問題は自衛官としての基礎訓練を受ける三か月のあいだに、適性試験を受けて職種が決定されるという点だ。もしその選抜試験に合格することができなければ、結局音楽から離れることになってしまう。その当時はまだぐずぐずと迷っていたわけだ。

「それじゃ、木内くんが犯人だった可能性はないの？　目覚まし時計が届いたのは、アキちゃんの隣の部屋だったよね」

『好きな人に、朝の七時に「愛の讃歌」が流れる目覚まし時計を送りつけるの？　それって、ただの嫌がらせじゃんか』

「そうかなあ。ポンちゃんたら、ロマンがないよ。木内くんって声楽科でしょ。ロミオとジュリエットだっけ、想い人の窓の下で恋の歌を奏《かな》でるの」

『シラノ・ド・ベルジュラックじゃあるまいし。今どきそんな風流な男がいますか。だいたい連中が歌うなら夜だし、それに歌じゃなくて目覚まし時計なんだってば。どこが風流なのよ』

うーん、と唸《うな》りながら考えこむ。霞が言うとおり、目覚まし時計はあまり風流ではない。『とにかく、どちらの曲も意味ありげだけど、今となってはもうその意味も犯人も、私たちにはわからないわよ』

霞はそう投げやりに言い放ち、通話を切った。

クリスマスの夜に、女同士で集まったりするものではない。池袋の駅を出て、あっちを向いてもこっちを向いても、カップルだらけだ。こんな夜に、女ばかりが眉間に皺を寄せて歩いているなんて、なんだか馬鹿みたいだ。

「あーあ、こういう日って、カップルでなければ人にあらず、って言われているような気がするんだよね」

佳音がぼやくと、霞も深く頷いた。クリスマスの土曜日、夜八時。今日は、珍しく音楽隊も仕事は休みだ。べつに見栄《みえ》を張ったわけではないのだが、上官に届け出て外泊の許可をもらってきた。夜八時に池袋で会うと、基地に戻るのは難しい。外泊許可を取ったと言うと、失礼なことに渡会があからさまに驚いた表情をし、美樹は根ほり葉ほり事情を聞き出そうとしたが、にやりと意味ありげに笑うだけにとどめておいた。

「アキも気の毒に。今夜は木内くんとデートするはずだったんじゃないの」

霞の言葉に、明実は苦笑いしながら首を横に振った。

「ううん。それが、何か用事があるらしいの。考えてみれば、今日が独身最後のクリスマスじゃない？　それなら私も思いきり遊んじゃえ――って」

やれやれ、これは結婚前から怪しい雲行きになってきた。そう言わんばかりに、霞が肩をすくめる。

「――で、肝心のミドリはどこにいるのかしら。みんなを呼び出しておいて」

明治通りから脇道に入り、お寺の前を通って大学の正門前に出た。この時刻になると、正門は閉まっている。卒業記念コンサートの日程を知らせるポスターが、正門のすぐそばに貼られていた。日付を見ると、明日の日曜日が本番だった。構内は静まりかえっているが、学生たちのラストスパートは終了したのだろうか。

正門前で待てという緑の伝言を思い返し、彼女たちは立ち止まった。たちどころに、吹き抜けた風に髪をあおられる。ダッフルコートのポケットに両手を突っ込み、佳音は顔をマフラーに埋《うず》めた。こんな日にぼんやり戸外を歩いていたら、鼻が凍りそうだ。

「このへんから見えたんだよね、レッスン棟の光」

言いながら、霞が植え込みの隙間《すきま》から構内を覗きこんだ。昔よりずっと植え込みの枝が茂っていて、中の様子がわかりにくい。佳音がいた時もこんな状態だったら、「校舎の不思議な光事件」は、外から見えなくて誰も気がつかずに終わってしまったかもしれない。

手でごそごそと茂みをかき分けていた霞が、ふいに肩を強張らせた。

「ちょっと。見てよ、あれ――――！」

緊張した声を出す。

同じように植え込みの隙間から覗きこんだ佳音は息を呑《の》んだ。レッスン棟に、明かりがともっている。

「こっちのほうが見やすいようよ」

明実が校門の隙間から中を覗いて手を振った。十階建て、一フロアに十二ある窓の一部に、煌々《こうこう》と光がともっている。既に校門も閉まっていて、学生の姿もないというのに。

美樹が推理したとおり、楽譜に当てはめて考えようとして、佳音はハテと首をひねった。

今回はどうやら、楽譜とも違うようだ。ひとつの縦列に、ふたつ以上明かりがついた階がある。

「ねえあれ——何かのマーク？」

霞が顔をしかめた。

窓の光は、大きな山形のカッコとひとつの点を形作っていた。佳音はあんぐりと口を開けて、首が痛くなるほどそれを見上げた。

「ひょっとして——フェルマータ？」

光の形が、音楽記号のフェルマータのように見えなくもない。

ちらりと、十階の端から六番目の窓に、人影が映ったような気がした。

「誰かいるわ！」

明実が指をさす。

「ミドリじゃないの？　あの子がここに呼び出したんだから」

佳音は正門に飛びついた。押しても引いてもびくともしない。正門の横には通用門があって、職員がくぐり抜けできるよう小さな扉がついているが、そちらにも鍵がかかっているようだ。

「ねえ、あの人が『愛の挨拶』の明かりもつけたんじゃない？」

探偵気分が戻ってくる。卒業の年のクリスマスが甦《よみがえ》る。

「そうかもしれないけど、もう門が閉まってるし。確かめる方法がないわね」

明実が戸惑ったように口ごもる。その隣で、霞がきょろきょろと周囲を見回した。

「昔は植木にも隙間があって、潜り込める場所もあったけど、今は無理みたいね」

「寮の裏から潜り込めないかな？」

佳音は夜の向こうを透かし見ようと伸び上がった。学生寮は学校の裏手にある。寮と学校を直接つなぐ通路はないのだが、寝坊した学生たちは遅刻を避けようとして、柵を乗り越えるなどあの手この手で近道を考えだしたものだ。思えばそれも懐かしい記憶だった。

「行ってみようか」

佳音たちが走りだそうとした時、背後で誰かがパンパンと手を叩く音がした。

「はい、そこまで」

女性のよく通る凛《りん》とした声だった。

面くらい、声のした方角を振りかえる。

「ミドリ？」

千鳥格子のロングコートに、白いニットの帽子をかぶった体格のいい緑が、なんと――校門の中に立っている。

「どうしてそんなところにいるのよ？」

霞でなくとも呆れる。こちらを呼び出しておいて、自分は学校の門の中とは何事か。久しぶりに見た緑を、佳音はつくづく眺めた。別人みたいだと感じたのは、あの大ぶりなサングラスのせいだ。霞といい緑といい、仕事のせいか、どんどん雰囲気が大人びていくようだ。

緑が突然ポケットから手を出して、指先につまんだ鍵を見せた。そのまま、通用門の南《なん》京錠《きんじよう》をがちゃがちゃ言わせて開け始める。

「どうしてあんたが、そんな鍵を持ってるわけ？」

霞が門にしがみついて緑を問い詰める。佳音は、明実が呆然《ぼうぜん》と緑を見つめているのに気づいていた。

「ちょっと借りたのよ」

緑は平然とうそぶく。

「借りたってどうやって？　誰に？」

霞の質問をとりあえず無視して、緑は通用門を開いた。

「さあどうぞ。中に入って」

入ってしまってもいいのだろうかと一瞬とまどいながらも、おずおずと佳音は通用門をくぐる。霞は周囲を見回して誰も見ていないことを確認してから足を踏み入れ、明実は困ったような顔をして、ふたりが行くなら……と呟きながらついてきた。やっぱり、みんな学生の頃の性格そのままだ。そうと気づいて、佳音は軽く鼻の頭を指でこすった。すっかり成長した気分でいたけれど、自分だって昔とそんなに変わったわけでもないのだろうか。

「こっちに来て」

緑は特に説明するでもなく、さっさとレッスン棟に向かって歩きだした。

「ちょっとミドリ、どういうことよ！」

霞の声が尖《とが》っている。

フェルマータの形に照明が点灯したレッスン棟の玄関から、誰かがこちらに向かってくるのが見えた。男の人だ。痩せていて、ひょろりと背が高く、手足が長い。どこかで見たような覚えがある。

「慎ちゃん――」

驚いたように声を上げたのは明実だった。その言葉で、その男が木内慎太郎、明実の婚約者で、音楽大学の声楽科にいた青年だということがわかった。

――そうだった、こんな感じの男の子だった！

佳音もまじまじと木内の輪郭を見つめる。学生時代のほうが、今よりもっと細身だったかもしれない。近づくにつれ、木内の緊張気味の笑顔が見えてきた。べつだんカッコいい男の子というわけではない。テレビに出ているお笑い芸人の中に、こんな感じの男の子がいたかもしれない——と思うくらい、くだけた印象の、どこにでもいるごく普通の男性だ。

木内慎太郎は、声が届く距離まで来ると、まずは明実に向かって小さく手を振り、それから子どものようにぺこりと頭を下げた。

「お久しぶりです。木内です」

佳音は呆気にとられて彼を見つめた。木内の声は、身体に似合わず、深みのあるバリトンだった。そう言えば、卒業して今は母校の中学校の音楽教師だと霞が言ってなかっただろうか。母校ってまさか——。

「これ、いったいなんのマネ？」

沸騰しやすい霞が、冷ややかな声を出した。もともと、霞は木内に対してあまりいい感情を持っていないようだ。緑と明実に二股をかけていたのではないかと疑っているせいだろうか。

「私から説明するわ」

緑が進み出た。

黒のダウンジャケットにサファリパンツを合わせた大柄な霞と、音楽プロデューサーなんかやっているだけあって、濃い化粧をしてサングラスをかけ、日本人離れした雰囲気の緑が真正面からぶつかると、見ているこちらは気後れして、じりじりと後ずさりそうになる。

「これ」

緑がいきなり、紙袋から何かを取り出し、自分の身体の前で広げた。イギリス国旗。

「木内くん」

緑が振り向くと、木内も自分の紙袋から、何かを取り出して手のひらに載せた。時計だ。例の――女子寮を騒がせた、目覚まし時計。

「私たちがやったの。目覚まし時計と、校舎の照明」

えっ、と佳音は口の中で呟き、緑がしっかり握っていないと、風でどこかに飛んでいきそうなほどはためいているイギリス国旗を見つめた。

緑が重々しく頷いた。

「そうよ。私たちがあのふたつの〝事件〟の〝犯人〟だったのよ」

外では寒いからと木内が誘い、佳音たちはぞろぞろとレッスン棟に向かった。何を考えているのかはわからないが、霞も明実も黙りこくって木内たちに従っている。

ふたりが犯人？　いったいどういうことだろう。

「ことの発端はね。木内くんが、アキに告白したいんだけど、どうすればいいだろうって私に相談したの」

「木内くんがミドリに相談？」

霞が顔をゆがめた。ふたりは付き合っていたんじゃなかったの、と聞きたかったのかもしれないが、明実がそばにいるので気遣って口に出すことができないのだ。緑がしっかり顎を引く。

「そうよ。私たち、出身地が一緒だったの。田舎から出てきたから、心細くてさ。お互いに相談したりして、助け合ってたのよ」

「卒業間近なのに、どうしてもアキちゃんに告白できなくて。思いあまって緑に相談したんです」

木内が照れたように笑う。みんな集合レッスン室の中に入り、適当にそのへんの椅子に腰をかけていた。暖房はないけれど、窓を閉めると風がない分、少しはマシだ。明かりの下で見る木内は、やっぱり華奢《きゃしゃ》だったけれど、はにかんだような笑い方が悪くなかった。

「僕はアキちゃんの部屋の下に忍んで行って、ギターを弾きながら歌を歌ったらどうかって言ったんです。もちろん女子寮は男子禁制ですけど、僕が一番得意なことって、どう考えても歌しかなくて」

緑と木内がこもごも説明する。やっぱり「シラノ」みたいなことを考えていたのか、と佳音は霞と顔を見合わせた。ロマンチストにつける薬はないようだ。

「うちの学校の校則を知ってるでしょう。女子寮に侵入したことがバレたら、木内くんが退学処分になっちゃう。だから、CDを贈ったらどうかって勧めたの」

「CDって平凡すぎるじゃないですか」

「それならオルゴールはどう、って私は言ってみたんだけど」

「オルゴールってけっこう高くて、貧乏学生には手に入りそうになかったんです。だから目覚まし時計はどうかなと思って」

木内と緑は、お互いにたたみかけるように会話を進めていく。きっと当時もこんな感じで話が進んだのだろう。

「それで例の『愛の讃歌』がアラームになった目覚まし時計――」

佳音はぼそりと呟いた。確かに、目覚まし時計なら数千円で手に入る。近ごろの製品は、アラームに使える曲の種類も豊富だ。

「でも、それならどうしてアキの部屋に送らなかったの。隣の部屋に届いたから、あの朝、女子寮は大騒ぎになったんだから」

霞がいかにも承服しかねるといった態度で腕を組み、木内を見た――というより、睨《にら》みつけた。いい加減なことを言っても無駄、とその態度で表している。

「それは――」

木内が言い淀《よど》み、助けを求めるように緑を見た。

「それはね。宛先の部屋番号を書き間違えたのよ、彼」

「はあ？」

本当にただのドジな愛の告白者だったのか。

「アキは三〇五号室。キョンちゃんは三〇六号室だったでしょ。木内くんに、部屋番号を数字で『305』ってメモして渡したんだけど――」

今度は緑がごにょごにょと言い淀む。

あっ、と霞が目を丸くしていきなり叫んだ。

「ミドリの手書き文字、すっごく汚いのよ。特に数字がわかりにくかった」

言われてみればそうだ。あんまり字が汚いので、携帯のメールでやりとりをするようになって、本当に助かったのだ。緑がつんと顎を上げた。

「悪かったわね。とにかく彼は、三〇五号室を三〇六号室だと勘違いして、目覚まし時計を送ってしまったの。もちろん七時に『愛の讃歌』をセットして」

「アキちゃんは日曜日でも朝七時には起きて、ジョギングするのを知ってたんです。だから、七時に起きるんだよね、みたいな意味で」

　木内が困ったように頭に手をやった。

「うわっ、嫌だあ。それ下手するとストーカーじゃん！」

　霞が目を吊り上げ、遠慮なく叱る。見知らぬ誰かが自分の生活スタイルをそんなに細かく知っているなんて、よくよく考えれば気持ち悪い。

「そう言われると、困っちゃいますけど」

　まあまあ、と緑がふたりのあいだに割って入った。プロデューサーの貫禄充分だ。

「あの朝、目覚まし時計が鳴りだしたじゃない。それも、アキの部屋からじゃなくて、キヨンちゃんの部屋から。彼女が旅行に行ってることは知っていたし、木内くんが部屋を間違えて送ったんだとも気がついたけど、言いだせなくてさ。そしたら――」

　探偵ごっこが始まっちゃったのよ、と緑は目を輝かせた。

　あの日のことは、佳音もよく覚えている。佳音自身も、電子音の『愛の讃歌』に叩き起こされた口だった。さして広くもなく、壁だってウエハースくらいの厚みしかない女子寮のことだ。三階で鳴り始めた目覚まし時計のアラームが、だんだん大きくなって最後に最大ボリュームでやかましく鳴り響く頃には、寮にいたほぼ全員が自室から飛び出してきた。

「なにごと」とか「誰よ、もう」とか口々に叫びながら、アラームが鳴っている部屋を突きとめるために、手分けして探索を始めたのだ。

狭い寮の中なので、キョンちゃんの部屋だとはすぐ見当がついたものの、本人は不在。舎監室に誰かが飛んでいって、鍵を借りて中に入って——およそ半時間ばかりの大騒動の末、あの日曜日はみんな七時半にはすっきりと目が覚めてしまっていた。

「あの時、みんなちょっと楽しそうだった」

うふふと笑う緑の言葉を否定できない。「一日じゅう、『愛の讃歌』が頭の中で鳴ってる」とか苦情を言いながらも、いつもと違う日曜日の始まりを、それぞれに楽しんでいたはずだ。

「うんまあ、それなりに楽しかったよね」

「佳音ったら」

霞が「こらこら」と言いたげに拳《こぶし》を握ってこちらを見た。緑が、ここではない遠くをぼんやり見つめるように、軽く顎を持ち上げる。

「卒業まで三か月ちょっとだった。卒業したら、もちろん寮を出なくちゃいけないし、〈ジンジャーズ〉の活動だって続けられるかどうかわからない。何より、学生時代のように頻繁に顔を合わせるなんてできるはずがない。みんなそれぞれに仕事があるんだからね。そんな時期に、あの事件は意外と楽しい思い出になりそうな気がしたの」

まさか——と、佳音は緑の表情を見守った。

「ねえ、もしかして校舎の事件は、それでミドリが——」

「そうなのよ」

あっさりと答え、緑が頷く。だんだん邪魔になってきたのか、彼女はサングラスを外してコートの胸ポケットに差しこんだ。ぱっちりと大きな茶色の目が覗く。サングラスという鎧《よろい》を脱ぐと、昔のままのどこかとぼけたところのある緑だ。

「卒業までに、何か珍しくって非日常的で、楽しい思い出になるようなことをやろうと思ったの。しかもそれは、謎が解ければこちらの真意が伝わるように——」

「『愛の挨拶』」

我知らず佳音は口走っていた。あの悪戯の意図がようやく理解できた。わかってほしかったのだ。誰かに答えを見つけてほしかったのだ。〈ジンジャーズ〉だけじゃない。学校のみんなに向けてのメッセージだった。みんな、みんな、大好きだよ——。

「そうよ」

緑が目を丸くする。

「なあに、答えわかってたの？」

「つい最近、あの時の写真を見直してわかったのよ。校舎と窓が五線譜の代わりになっていて、あれはエルガーの『愛の挨拶』の出だしの音符だって」

「ご名答」

緑は目を細め、ついに笑いだした。昔のままの、悪戯そうな顔つきだった。

「あの時、誰もあれが楽譜だって気づいてくれなくてさ。つまんなかったわ」

あれだけ手の込んだことをしたのに、その意図を汲んでもらえなければ、さぞかしがっかりしたことだろう。

「それじゃ、あれ、ミドリと木内くんが一緒にやったのね？　ひとりじゃとても無理だったでしょう」

霞が尋ねる。

あの日のことも、同期の音大生ならよく記憶しているはずだ。もうすぐ卒業記念コンサートがあるという時期で、みんな必死になって練習していた。卒業とくれば就職も間近で、就職先が決まった学生もいれば、なかなか決まらずに苦しんでいる学生もいた。そんな中で、校舎にともった不思議な照明は、みんなの好奇心をいたく刺激したものだ。

探偵団の中心に霞もいた。彼女は当時この事件に強い関心を持っていたひとりなのだ。

「そうよ。ひとりじゃ無理だった。なにしろ十階まであるレッスン棟を駆けまわって、明かりをつけたり窓を開けたり、旗を立てたり」

「あの時間帯、もうレッスン棟は閉まってたでしょ。どうやって入りこんだの」

「教員室にある鍵を少々拝借して、あらかじめ合鍵を作っておいたの。そんなに難しくなかったわ。悪戯が終わった後は、ちゃんと鍵をつぶして処分したしね」

「やだなあ、学校が警察呼んだらどうする気だったの」

「悪戯でした、ってその前に名乗り出るつもりだったけど、ポンちゃんたちが、先生に見つかる前にさっさと片付けてしまったじゃない。おかげで助かったけど」

ぺろりと緑が赤い舌を見せる。でも——と佳音はレッスン室を見まわす。この集合レッスン室には、グランドピアノとドラムセットが設置されている。隅には譜面台もいくつかある。懐かしい部屋だ。何度もこれと同じような部屋に入ってセッションをした。まあ、佳音の場合は今でも音楽隊で同じことをしているのだが。

「でも、今日はここの鍵どうしたの？　鍵がなけりゃ、入れなかったでしょ」

「それは、僕が借りてきたんです」

木内があっさり答えた。

「僕はいま、ここの附属中学校で音楽の教師をしていますから。レッスン室を借りたいと言えば、貸してもらえますよ。もちろん校門の鍵もです」

やっぱり、母校の中学校というのはここのことだったか。

　学生時代最後の思い出と、それにまつわるささやかな「謎」。それらがすべて綺麗に解けて、霞はなんだか肩の荷が下りたみたいに、すっきりと憑《つ》き物の落ちた表情になった。

「――どうして今ごろ、こんな告白をする気になったの？」

　ずっと押し黙り、霞と木内や緑たちのやりとりに耳を傾けていた明実が、おずおずと口を開いた。そうだった。最後の疑問が残っていた。

　木内が立ち上がり、明実のそばに行って彼女の肩に手を乗せた。明実が木内を見上げる。彼女の頬には、聡明で優しそうな表情が貼りついている。

「この話をしておかないと、アキちゃんにずっと隠し事をしているような気分だったんだ」

「隠し事――」

「別に悪いことをしたわけじゃないのに、これからもずっと秘密を抱えてなきゃいけない。それがどうしても嫌になって、緑に頼んでこの機会をもらった」

　そうか、と佳音はひとり頷く。明実と木内は来年結婚するという。結婚する前に、卒業前の大芝居について告白しておきたかった、というのなら木内の気持ちも理解できないではない。独身最後のクリスマスになるのだし。

「それじゃ、どうしてフェルマータなの？」

明実がそっと尋ねた。その瞳に、ちょっぴり不安が滲《にじ》んでいる。これから花嫁になろうという彼女にとっては、ささいなことでも心配の種になるのに違いない。

音楽記号のフェルマータ。書かれる場所によって意味が異なるフレキシブルで不思議な記号だ。曲の終わりを意味する終止線の上に書かれると、そこでおしまいという意味だし、音符の上につけられた場合には、たいていほどよく音を伸ばすという意味になる。

木内が優しく明実の肩をたたいた。

「僕らの悪戯の終了。――やっと終わったんだ。この悪戯を終わらせるのに、何年もかかるなんて思わなかったけど」

その木内の言葉を聞いて、ああこれで本当に終わったんだと佳音も感じた。夢のようだった音楽大学時代の四年間。余韻を残すように、いつまでも「伝説」とか「謎」とか呼んで引きずっていた事件も、今夜ついに決着がついてしまった。

〈ジンジャーズ〉のメンツが集まる機会も減って、年に一度がそのうち数年に一度になり、セッションをする回数も減って、あるいは誰かが楽器を擱《お》いて――。

そうやって、少しずつ何かが終わっていく。今夜はその手始めに過ぎない。

明実が肩に置かれた木内の手をそっと外した。すっくと立ち上がる。今日の彼女は、ピンク色のモヘアのセーターに、カシミアのコート、白いスカートという清楚なスタイルだ。

また、そういう衣装がとびきり似合うお嬢様なのだ。

その明実が、すくい上げるように木内を見つめる。

「——なあにが、『僕らの悪戯の終了』ですって？」

低い、ドスのきいた声だった。

えっ、と霞と緑が硬直して明実を見つめる。

「あ、アキちゃん」

佳音も上ずる声で明実を呼ぶ。怒っている。これはどうやら——これまで見たこともないほど、明実が本気で怒っている。

「アキ」

霞たちもおろおろしている。

ほっぺたには丸いピンクのチーク、まぶたにも淡いピンクのアイシャドウ。まるでお菓子の国のとろけそうな綿菓子みたいな顔をして、明実はじろりと木内を睨んだ。

「勝手なことを言わないでよ！　私と結婚するから、これで悪戯は終了？　いつまでも嘘をつきたくなかった？　まったくもう、寝言は寝てる時だけにしてくれる？」

当事者が明実でなく緑か霞だったなら、確実に相手は殴られていたなと思える激しい剣幕だった。現に、木内が、まるで平手打ちでもくらったような顔で、呆然と明実を見つめている。

「あれは私たちみんなの伝説で、みんなの謎だったの！　勝手に始めて、勝手に終わらせるなんて失礼にもほどがある。嘘をつくつもりなら、最後まできっちり相手を騙《だま》し通しなさいよ。それくらいの覚悟がないのなら、嘘なんてつかないで！」

「アキちゃん――」

半分泣きだしそうに、木内が呼んだ。

「みんな、行こう！」

明実が決然と木内を振り払い、レッスン室を飛び出していく。悄然《しょうぜん》としている木内を残していくのは、やや気の毒な気もしたけれど、佳音も内心では少し「自業自得」だと感じていた。

――アキちゃん、やるう。

嘘のつきかたにもルールがあるはずだ。自分の旦那になる人に、生半可な嘘なんてついてほしくない。明実の気持ちもちょっぴりだが理解できた。どんどん行ってしまう明実を追いかける。霞がついてくる。緑はさすがに木内を慰めている様子だったが、しばらくすると木内を残してひとり出てきた。

明実を追っているうちに、なぜだか笑いがこみ上げてきた。あの、木内の呆然とした顔。

今夜、明実は、完全に主導権を握ってしまった。木内を見ていて、これでふたりが別れてしまうという結果にはならないと感じた。たぶん彼は、涙ながらに明実に謝罪するのに違いない。明実がそれを鷹揚《おうよう》に許して、そうしてきっとふたりのあいだでの実権を彼女が握るのだ。

「私だって、やる時はやるのよ」

通用門をくぐって学校を出る。明実がこちらを振り返り、恥ずかしそうに頬を赤らめながら宣言した。まったくもう、このお嬢様は。

いや、ひょっとすると今夜明実は、将来にわたって木内に釘を刺したのかもしれない。これからもしも自分に何か――嘘をつくようなことがあっても、きっちり最後までつきとおしなさい、と。そのぐらいの覚悟がなければ、明実の旦那なんて務まらない。

「どこかに、ご飯でも食べに行こうよ」

明実が言った。

「それを言うなら、『飲みに』でしょ！」

緑がきっぱりと応じて、さっそくスマートフォンでお店の物色を始めている。その様子を眺めながら霞がくすりと笑ったので、佳音は眉を撥《は》ね上げた。

「ポンちゃん？」

「私、〈ジンジャーズ〉もアキの結婚を機に終わるのかなあと思っていたんだけどさ」

にやりと霞が笑う。

「まだ全然大丈夫そうだね」

「もちろん。フェルマーター――まだまだ、ほどよく続きそうじゃない？」

ポケットの中で携帯が震えた。美樹からのメールだ。

『クリスマスの夜の外泊はいかがな模様？　渡会が気になってしかたがないらしいから、メールでも打ってやってよ。もちろん、いい男とデート中なら無視すること。以上』

いったいどうして、渡会のやつが自分の外泊をそんなに気にするというのだろう？

佳音は首をかしげたが、美樹がメールをくれたのは素直に嬉しかった。

徐々に終わりゆくものがあれば、新しく始まるものもある。緑が店を決めたらしく、明実の腕をつかんで走りだそうとしている。

「みんな、行くよ！」

「待ちなさいよ、ミドリ！」

女ばかりのクリスマスも、意外と悪くない。

文明開化の鐘

こつん、と額を誰かにこづかれて、鳴瀬佳音《なるせかのん》は自分がすっかり眠りこんでいたことに気がついた。

「えっ――」

「着いたわよ、佳音。もう降りるからね！」

隣に座っていた吉川美樹《よしかわみき》三等空曹が、なぜだかぷりぷり怒った様子で、さっさと荷物をまとめて立ち上がる。寝ぼけ眼《まなこ》で顔を上げると、通路の向こうから、呆《あき》れたようにこちらを見ているゴリラ――いや、渡会俊彦《わたらいとしひこ》三等空曹と視線が合ってしまった。またやってるわねと言いたげに、妖艶《ようえん》に微笑んでいる安西《あんざい》夫人こと安西庸子《ようこ》三等空曹の顔も見える。

佳音は、はっとして面《おもて》を伏せた。

――なんということだ。口の端によだれが垂れている。花も恥じらう二十九歳の乙女の顔に、よ、よだれとは一生の不覚――。

ハンカチを探してごしごしこすってみたものの、取れたのだか取れていないのだかわからない。鏡、鏡と呟《つぶや》きながら、バッグから手鏡を取り出し、念のために確認。なんとか移動中の爆睡の痕跡は、隠せたようだ。ふだんから化粧をしないので助かった。

みんなてきぱきと降りていくから、大型バスの中はあっという間に空っぽになる。そうと気づいて、慌てて荷物を取り上げた。アルトサックスのケース、二日分の着替え、演奏服。それだけでも、素敵な重さになる。日々、鍛練している自衛官だからこそ、平気な顔をして持ち歩くことができるというわけだ。

「鳴瀬、支度はまだか。もう鍵を閉めてしまうぞ」

出入り口から、諸鹿佑樹《もろがゆうき》三等空尉がきりりとした表情で中を覗きこんでいるのに気づき、あたふたと立ち上がった。三十二歳、航空中央音楽隊の〝プリンス〟的存在だ。諸鹿三尉は涼しげな夏の制服を着用している。みんな同じ制服姿なのに、何を着てもすっきりと似合う人がいる。たとえば、安西夫人のように。まあ、夫人の存在は隊の中でも別格なのだが。

「あわわ、すぐ行きます！」

また諸鹿三尉の前で、ダメなところを見せてしまった。おまけに、言うにことかいて乙女が「あわわ」とは何たるセリフか。諸鹿三尉は育ちが良くて端正な人だから、いちいち揚げ足取りのように指摘したりはしないけれど、さぞかし内心では呆れかえっていることだろう。

ああ、恥ずかしい。よりによって、諸鹿三尉に――。

冷や汗をかきながらバスを駆け降り、美樹たちが待つ文化センターの玄関に走り寄る。

「もう、美樹ったら起こしてくれたらいいのに！」

涙目で訴えると、まだちょっとむっとした表情をしている同期の美樹が、こちらを振返った。

「起こしたじゃない、ちゃんと」

「じゃなくて、ぐっすり眠りこむ前に」

「あんたねえ」

美樹は、大げさに佳音の方を見やって、ため息をつく真似をした。

「隣であんなに気持ち良さそうに熟睡されたら、起こせないわよ。昨日しっかり寝たの？」

もちろんだ、と言いたいところだが――実はベッドに入ったものの、眠れなかった。ふだんは寝つきと寝起きはすこぶる良いほうだ。子どもの頃からの困った癖で、次の日に大きなイベントがあると、興奮して寝つきが悪くなる。そんな佳音を子どものようだとからかう安西夫人は、翌日どんな仕事が入っていようとも、消灯後一分で熟睡できるというのだから、恐れ入る。彼女の体質は、根っから自衛隊仕様なのだろう。

——どうせ私は、見かけによらず神経が繊細ですよ！

うじうじとひねくれながら、ずっしりとした鞄を肩に掛けた。

今日、航空中央音楽隊のメンバーがやってきたのは、鳥取市の文化センターだった。美《み》保《ほ》基地の紹介で、夏休みともあって県下の中学校の吹奏楽部から希望者を募り、技術指導にあたる予定である。明日は、文化センターに附属する文化ホールで〈ふれあいコンサート〉を開催する。

「九か月ぶりよねえ」

美樹が、まぶしげに文化センターのファサードを見上げながら目を細めた。彼女の言うとおり、〈ふれあいコンサート〉の開催は前回の秋以来、実に九か月ぶりなのだ。

「そうだねえ。やっと、コンサートができるようになったねえ」

三月に発生した東日本大震災の後、航空中央音楽隊のスケジュールは、いったんすべてが白紙に戻った。

自衛隊の音楽隊が開催するコンサートは、定期演奏会や基地での演奏会を除いて、主に自治体などの依頼で企画される。大災害の発生を受け、それぞれの主催者側からキャンセルの連絡が次々に入った。しばらくは、外からの電話を取るとキャンセルの連絡——とまあ、おおげさに言うとそんな感じだったのだ。

本来なら、今年は航空中央音楽隊の創立五十周年を記念する節目の年だった。六月には五十周年記念の定期演奏会が予定されていたのだが、時期的にそれどころではなく来年の三月に延期された。

コンサートが中止になったからといって、音楽隊員の仕事がなくなるわけではない。自衛官はどんな仕事でも命令を受けて実行するのが基本で、中止になったら今度は変更命令の書類を作成しなければいけない。時間が空けば、この時とばかり練習曲で基礎練習もする。震災後すぐに、がれき撤去や給水などの復旧支援活動に従事した隊員もいる。ゴリラ・渡会などは、日頃鍛えた成果を見せるいい機会だと思ったのか、率先してがれき撤去に志願したらしい。

ただやはり、演奏活動ができない——いつになればできるか見通しすら立たないという状況は、そのまま震災の被害の深刻さを表しているようで、辛《つら》かった。

佳音の実家は、青森県にある。青森県は、八戸《はちのへ》市などを中心に津波による浸水被害があった。揺れはきつかったらしいものの、青森市にある実家には大きな被害もなく、家族はみな無事だった。個人的にはホッとしたが、手放しでは喜べない。

──こんな時に、サックスなんて吹いていてもいいのかな。

佳音はときおり、練習室で自分のアルトサックスを抱いたまま、ぼんやり視線を宙にさまよわせた。

──気が乗らない。乗るはずがない。今も、がれきの下で誰かに捜しあてられるのを待っている人がいるのかと思うと、いてもたってもいられない。何をおいてもそちらに駆け付けるべきなのかとも思う。だけど、それは今の自分が本当にやるべきことなのか。

ぽっかりと空いたスケジュールを埋めるように、四月下旬になると被災地の慰問演奏がぽつりぽつりと計画された。航空中央音楽隊が被災地を慰問するのは初めてだ。最初は、比較的音が静かで柔らかいフルートやクラリネットなどの木管楽器を中心に、四人ていどの編成で、避難所などを訪問して演奏活動を行ったのだった。その後、少しずつ人数を増やして、一般的な編成の演奏を行ってきた。

それは、不思議な体験だった。

演奏服ではなく、迷彩柄の作業服を着て、立派なホールや講堂ではなく、小学校の体育館や屋外などで、パイプ椅子に腰かけた聴衆に、『翼をください』や『北国の春』などの親しみやすい曲を演奏する。

誰かの心を慰めるために行ったはずなのに、一曲ごとの大きな拍手と温かい笑顔に励まされる。聴いてくれている人たちのほうが明らかにたいへんな状況にあるはずなのに、こちらのほうがなぜか救われる気がする。

これでいいんだ、とゆるされた気分になる。

そもそも、自分のように半端な人間が、誰かを励ましたり、勇気づけたり、癒したり、そんな凄《すご》いことできるわけがない。

ただ、自分の奏《かな》でる楽器から、ゆたかにあふれ出る音楽というもの。神の御使いにも、時と場合によっては船員を夜の海に引きずりこむセイレーンにもなりうる、霊妙なもの。その存在が、摩訶《まか》不思議な化学反応を導いて、確かに誰かの笑顔を引きだしている。寄り添い、エネルギーを与えている。

——今までずっと、音楽を続けていて良かった。

音楽には力がある。サックスが吹けることをこれほど誇らしく思う日がこようとは思わなかった。

「何してるの、行くわよ、鳴瀬さん」

目を閉じて深々と呼吸していた佳音は、遠くから投げられた安西夫人の声に、慌てて荷物を拾い上げた。彼らはもうとっくに控室めざして行ってしまったようだ。

「はい！　すぐ行きます！」

やれやれ、感傷にひたる暇もない。

「これから二時間、皆さんと一緒にアルトサックスの練習をします、航空自衛隊航空中央音楽隊の、鳴瀬です。下の名前が佳音なので、音楽用語にちなんで『カノン』と呼ばれています。よろしくね」

自衛隊用語にちなんで、「キャノン砲」とも呼ばれていることは内緒だ。

明日のコンサートで使用する大ホールで、二百人ばかり集まった吹奏楽部の中学生たちに全体説明が行われた後、彼らはそれぞれの楽器のパートごとに、小部屋に振り分けられた。練習室、講師控室、会議室など、大小さまざまな部屋が、今日はこのイベントで貸し切り状態だ。

クラリネットなどの木管楽器は人数も多い。アルトサックスは二十名ほどで、二班に分けて佳音と渡会が受け持つことになった。

渡会は、真っ黒に日焼けして被災地の復旧支援活動から戻った後、さっそく慰問演奏にも加わっていた。被災地に行って、少しは大人になって戻ったかと期待したのだが、中身には特に変化がないようだ。

——ま、それはこちらもご同様だけどね。

変化と言えば、佳音はこのたびようやく試験に合格し、三等空曹に昇進した。今年の継続任用は保証しないぞと上官に脅されていたこともあり、必死になったのが良かったのかどうか。これで一応、任期付きの空士の身分からは脱出できたというわけだ。

県下の五つの中学校から集まってきた吹奏楽部の部員たちは、同じ中学校でなければ面識がない。男子四名、女子六名の生徒たちが、アルトサックスを抱えて落ち着きなくパイプ椅子に座っている。佳音を要《かなめ》にして、扇形に腰掛けた中学生たちを、ひとりずつ見まわした。

ざっと見たところ、学年もまちまちだ。男子学生のひとりが顔つきのしっかりした三年生で、あとは一年生と二年生ばかりだった。一年生なんて、つい数か月前までは小学生だったのだ。楽器を握る手つきすら、おぼつかない。あの小さな手で、ちゃんとキーに指が届くんだろうかと心配になるくらいだ。

それでも、ひととおり楽器を組み立てて首から提《さ》げていると、それなりに様にはなっている。

「それじゃ、まずは音合わせも兼ねて、ロングトーンを吹いてみましょうか。真ん中のドからね」

さん、はい、でいっせいに金色のベルから飛び出した音は、ぶおーとか、ひゅおーとか、それはもうみごとにてんでんばらばら、本来の音とはかけ離れた音色だった。

ま、こんなもんだ。

そもそも楽器のコンディションだって、不《ふ》ぞろいなのだ。中には、端がささくれだつほど古いリードを、後生大事に使っている子どももいるだろう。学校の予算はそれほど潤沢ではない。限られた予算のなかで、備品をやりくりしているのに違いないのだ。親に楽器をねだって買ってもらえる子どももいれば、リードを買ってもらうことすらためらう子どももいるだろう。

人生のスタート地点に大きな開きがあることは、やるせないけれど嘆いていてもしかたがない。

吹奏楽をやる生徒は、おとなしくて生真面目《きまじめ》な子どもが多い。佳音の指示を忠実に守るし、話も熱心に聞いている。

いくら熱心でも、たかが二時間の集合レッスンを受けるだけで、見違えるほどうまくなったりするはずがない。自分たちの役割は、生徒たちに「上手になるための種」を蒔《ま》いておくことだと思っている。

「息をね、身体の深いところから、たくさん使って音を出そうね」

「おなかにぐっと力を入れて。だけど、胸から上は楽にしてね。肩や顔には力を入れないで、楽にして」

「遠くのほうに、ふわっと音を投げるつもりで吹いてみて」

この二時間ばかりではとうてい体得できないだろう。いつかふと、「ああ、このことか」と彼らの中に染みこむ時が来るかもしれない。そうしたら、練習しだいでうまくなるはず。その瞬間に立ちあうことができないのは残念だが、それを望むのは欲張りというものだ。

「はい、十分ほど休憩します。休憩の前に、質問のある人はいますか?」

楽器を手に、しーんと静まりかえった子どもたちが、なるべく佳音と目を合わせないように視線を床に落とす。

だいたいいつも、こんなものだった。

あらたまった質問タイムに、勇《いさ》んで質問を投げかけてくるような中学・高校生には、いまだかつてお目にかかったことがない。質問はありますかと尋ねると、そろって口をつぐむ。時にはきょろきょろと他のメンバーの顔色を窺《うかが》う子どももいるが、それでも手を挙げる子は皆無。

とはいえ、その気持ちは佳音もよく理解できる。彼女自身もそういうタイプの子どもだったし、職場でも上官を前にすると、いまでもそれに近い反応をしてしまう。典型的な日本人というわけだ。

「はい、それじゃ十分間の休憩ね」

これ以上待ってみても、手を挙げる生徒はいないようだ。佳音が休憩を宣言すると、生徒らはほっとしたように肩の力を抜いて、好きなように楽器を吹き鳴らしたり、おしゃべりに興じたりし始めた。

時には、休憩に入るなりこちらに飛んできて、自衛隊の音楽隊や楽器に関すること、あるいは佳音自身に関する質問をぽんぽん投げかける生徒もいるのだが、今日はそういうタイプの生徒もいないらしい。

——ちょっと、他の部屋でも覗いてみようかな。

手持ちぶさたになって、佳音は楽器を残して席を立った。放置しておいても、子どもたちは悪戯《いたずら》をしない。それも、この何年かで学習済みだ。

隣の小部屋には、ゴリラ・渡会と彼が担当する子どもたちがいた。

——どれどれ。

渡会の班も休憩時間に入ったのか、扉が開いていて中が丸見えだ。こっそり覗いてみると、腰を下ろした渡会の前に、華奢《きゃしゃ》な男の子がひとり立っている。この班は男子がふたりいたはずだ。他の子どもたちはなぜか、興味津々で渡会たちの様子を見守っているようだった。

——何をやってるんだろう。

「でも、うちの学校では、そんなふうに教わっていません」

一年生だろうか。声変わりもしていないボーイソプラノで渡会に抗議すると、男子生徒は視線に気づいたのか怖い顔でこちらを振り向いた。

——うわあ、あたしの苦手そうなタイプ。

坊主頭で銀縁のメガネをかけた、いかにも秀才然とした顔つきで、たぶん本当に学校では優等生なんだろうなと思わせる子どもだ。学生服の胸にはプラスティックの名札がついている。「今江田《いまえだ》」という名前だった。

つい一歩後ずさり、佳音は急いで精いっぱいの笑みをかき集めた。わざとらしい笑顔になったがしかたがない。

「あら、休憩時間なのになんの話をしてるの」

相手は子どもだ。自分とひとまわり以上も年齢の離れた中学生だ。

「部外者は黙っててください」

——なんだと。

こめかみの血管がぴくりと浮く。このていどのことで怒っちゃだめだ、笑顔、笑顔。

「あのねえ、私も今日の講師のひとりなのよ。おまけに担当はアルトサックス。何を話しているのかぐらい、聞いてもいいでしょう」

渡会がやれやれと言いたげな顔をしていた。今江田くんが、きらりと目を尖《とが》らせてメガネを指で押し上げる。その長くて力の強そうな指を見て佳音は目を瞠った。まるでピアノを弾きこんだ指のようだ。

しかし、そんなささやかな発見も今江田くんの言葉を聞いて吹き飛んだ。

「マウスピースとネックだけで音を出す練習をするのは、時間の無駄だと申し上げていいます」

申し上げていいますって、子どものくせに生意気な表現を使うではないか。つい、ひくりと唇の端が微妙な形に吊り上がる。

「だってね、それは――」

学校によっては、楽器の数よりも吹奏楽部の部員の数が多くて、全員が楽器を使って練習できないところだってあるのだ。そんな時には、とにかくマウスピースだけで音を出すとか、タンギングするとか、そういう基礎練習でもやるしかない。恵まれた学校ばかりではないのだから。

「マウスピースだけでは、正しいアンブシュアにならないと僕らは教わりました」

今江田くんが、目を据えて言い募る。アンブシュアとは、管楽器を演奏する時の口の形のことだ。唇や口蓋《こうがい》、顎《あご》などの形が良い状態になって、ようやく音色が美しくなる。

「僕は早くうまくなりたいんです。だからわざわざ今日ここに来たんです」

「ちょっと待って。楽器の練習に近道なんてものはないのよ。誰でもみんな、基礎から一歩ずつ練習するんだから」

「そんなことはわかってます。言っておきますが、僕らの学校は去年の全日本吹奏楽コンクールで金賞を取りましたから」

何なんだその言い草は。勝ち誇ったように顎を上げた今江田くんに、さすがにカチンときた。微笑みながら、目じりを吊り上げる。

「あぁら、それは凄いわね。私がいた中学校も高校も、毎年金賞くらいもらってたけど」

「僕らも、今年また金賞を取りますよ。その覚悟で頑張っていますから！」

今江田くんが、むっとしたように顔を赤らめて胸を張った。子ども相手に大人げない。そうは言っても、ここまで馬鹿にされて黙っていられるか。

はああ、と分厚いため息が、佳音たちの険悪な会話をさえぎった。渡会が自分の楽器を持ち上げて、マウスピースをくわえるところだった。

突然、彼が吹き始めた曲に、佳音は黙りこんだ。『シャコンヌS』。全日本吹奏楽コンクールの、本年度課題曲のひとつだ。コンクールに参加する学校の吹奏楽部などでは、難曲だと言われている。

冒頭、ユーフォニアムのソロを受けて続くアルトサックスのソロを、渡会は頑健で真っ黒に日焼けした外見からは想像もつかないほど、しなやかに吹いた。

今江田くんも目を丸くして、食い入るように渡会の指づかいを見つめている。遠巻きにこちらを見守っていた他の生徒たちも、気がつくと足を忍ばせながら近づいてきて、じっと聴き入っていた。

――やるじゃん、渡会。

口ばっかり達者な子どもを黙らせるには、実際に音を聴かせるのが一番だ。音の違いは一目瞭然――という言葉を使うのもなんだか変だけれども、ワンフレーズ聴いただけで、こいつは自分たちよりもはるかに凄いと実感するはずだ。

「学校の先生が教えてくれることは、素直に聞いときゃいいと思うよ。だけど、学校によってもいろいろ事情があってさ。みんながみんな、同じような指導を受けているとは限らないから。今日は、参考までにマウスピースとネックだけの練習方法も教えたけど、このとおりにしなきゃだめだと言ってるわけじゃないからな」

演奏を終えた渡会がそう淡々と告げる。先ほどよりはいくぶんか敬意のこもった目つきで今江田くんが渡会を見て、ぺこりと頭を下げた。負けた、という表情だった。

思わず、腰のあたりで小さくガッツポーズ。

遠巻きに渡会の演奏を見守っていた生徒たちが、わらわらと群がるように寄ってきた。

「先生、すっごーい」

「他の曲はどうですか。どんな曲好きですか」

「侍《さむらい》BRASS《ブラス》聴きたいなあ」

渡会がちらりと苦笑をひらめかせ、次いで悪戯っ子のように破顔すると、マウスピースをくわえてもう一曲、演奏を始めた。

「あ、高橋宏樹《たかはしひろき》の『文明開化の鐘』」

今江田くんがぼそりと呟く。ユーフォニアム搭載金管八重奏をうたう楽団、侍BRASSが演奏して広まった曲だが、吹奏楽団でもよく演奏される。佳音たちは、明日のアンコール曲のひとつにこの曲を選んでいた。それにしても、今江田くんは作曲者の名前までよく覚えているものだ。

勇壮で美しいメロディラインを高らかに歌い上げると、渡会は演奏をやめた。大喜びで拍手する子どもたちに、にやりと笑う。

「さあ、休憩終わり。続きに戻ろう」

わあ、とかきゃあ、とか言いながら子どもらが席に戻っていく。渡会が呆れたような顔でこちらを見上げた。

「子どもと張りあってどうするんだよ、おまえ」

――悪かったわね。

佳音はまわれ右をして小部屋を出た。渡会の班は、後半の指導を始めたようだ。ひとり、妙に調子はずれな音を出しているのがいて、なんとなく気になって振り向くと、例の今江田くんだった。真っ赤な顔をして力んでいる。渡会の巧《うま》さがわかるのだから耳はいいようだが、腕はあんまり良くなかったのか。まあ、一年生ならこの春に始めたばかりだから当然かもしれない。

そこで時計に目を落として、慌てた。

こいつはまずい。十分休憩のつもりが、十五分休憩になってしまったようだ。

「楽器のパーツが、時々なくなるんですよ」

その女子生徒が、まるで愉快なエピソードでも話すみたいに話題に上らせたのは、二時間の指導時間が終了した後だった。

案の定というか、指導が完了して「さあ解散」と告げたとたんに、仔猫がじゃれつくように女子生徒たちが佳音を取り巻き、質問攻めが始まったのだ。

「結婚はしてますか」

「えーっ、してないですよね、指輪がないし」

「どうして音大を出て、自衛隊に入ろうと思ったんですか」

「いつからサックスを吹いてるの」

「どうしてフルートじゃなくサックスなんですか？　私はフルートをやりたかったんですけど、人数が多すぎてあぶれちゃって」

これもいつものことだった。年も若いし、童顔のせいか身近な感覚のお姉さんが来たとでも思われるのだろうか。

大ホールに全員が集合して、閉会のあいさつを聞くまでには時間があったので、しばらく彼女たちにつきあうことにした。音大の学生時代には、やはり音大を目指している高校生にサックスの指導をしていたこともあるから、年下の生徒を扱うのは慣れている——はず。

とはいえ、いまどきの子どもは早熟だから、中学生とはいえ侮《あなど》れない。

そんな時に、ひとりの女子生徒が佳音がひとりになったのを見はからって言いだしたのだ。

「楽器って、学校の？」

「そう。音楽室の隣に準備室があって、使わない時にはそこに楽器を保管してあるんです」

髪をおかっぱにした女子生徒は、白いブラウスにチェックのプリーツスカートという制服を着ている。スカートとおそろいの柄のボウタイが可愛らしい。ブラウスの胸元に留めた、濃い緑色の名札を見て、おやと思った。

今江田くんの名札と、同じ色と形だ。同じ学校の吹奏楽部にいるのだろうか。

「準備室には鍵もかかるので、部活動を始める前に当番が鍵を開けて、終わる時にやっぱり当番が鍵を閉めてから帰るんです。そういう決まりになってるんです」

「そこに置いてある楽器のパーツがなくなるってこと？」

頷《うなず》いた。山根《やまね》さんというその一年生は、ぱっちりと目が大きくて、いわゆる目ヂカラのある顔立ちをしている。たぐいまれな美少女というわけではないが、大人になって化粧を始めると、なかなか人目を引く顔になるだろう。

「鍵は職員室にあって、顧問の先生が管理しています。誰かが勝手に鍵を使って入ったとは思えないから、部活動のあいだしか準備室には入れないはずなんですけど——ね、おかしいでしょう」

当番はふたりで、週替わりだという。部活動が始まれば準備室には部員がひんぱんに出入りするはずだ。誰もいない時間帯なんて、あったとしても短いだろう。そんな中で、こっそり楽器のパーツを盗むなんて真似ができるだろうか。

「最初はフルートの足部管《そくぶかん》が消えたんです。部活に来て、楽器のケースを開いた二年生が気づいたんです」

山根さん自身も、自分の目が印象的だと知っているのか、大きく目を見開いてぱちぱちと瞬《まばた》きを繰り返した。

「それで、消えたパーツはそれきり出てこないの？」

「それきりです」

「それ、鍵の当番の子が疑われたりしない？」

佳音は心配になって尋ねた。

「一度めの紛失が起きた後は、ぜったいひとりで開け閉めしないようにしたから」

彼女の話によれば、フルート一本、オーボエ二本、クラリネット二本が被害に遭ったそうだ。フルートのパーツが消えたのが二週間前。それからは日数を置いて、一週間前にオーボエ二本の部品が失くなった。一本はベルが、もう一本は下管《げかん》が消えた状態で見つかったのだ。あんまり悪質だし続くので、念のために防犯カメラでも仕掛けようかという話が出たところ、まるで吹奏楽部員をからかうみたいに、翌日にはクラリネットのベルがふたつ消えた。

「これってやっぱり、嫌がらせですよね。うちの学校は去年の吹奏楽コンクールで金賞をもらったんです。学校が吹奏楽部に力を入れていて、私たちがちやほやされるから、気に入らない他の部の子が嫌がらせで盗《と》ったんだと思う。たとえば運動部とか」

山根さんは大真面目《おおまじめ》だ。まさか、それはないだろうと佳音は内心で思ったが、現実に楽器のパーツが消えているとは、どういうことだろう。

「そんなに楽器のパーツが消えて、大丈夫なの？　今年も全日本吹奏楽コンクールに出るのなら、そろそろ予選が始まる頃じゃなかったっけ」

「そうです、そうです。二年生や三年生の先輩の中には自分の楽器を持っている人もいて、その人たちが一時的に自分の楽器をこっそり持ち込んで、なんとかしのいでますけど。それでも、学校の楽器はかなり質のいいものを入れているので、どちらかと言えば音は悪くなってるかも」

今年は金賞、無理かもしれないですねと、山根さんはちょっと寂しそうに呟いた。

「本来は楽器の持ち込み禁止なわけね」

楽器がなくなったり壊れたりすると、弁償だの何だのややこしい問題が発生するし、親に楽器を買ってもらえない子どもがひがむかもしれない。生徒のあいだに優劣や序列をつけないのが今の学校の教育方針らしいから、そういうことには敏感なのだろう。

「持ち込んだ楽器をなくしたりしたらたいへんなんで、授業中は鍵のかかるロッカーに入れておくんですよ」

佳音の驚き方が足りないと思ったのか、山根さんは大きな目をさらに大きくした。

なんだか面白そう、というか、好奇心がうずく。

——そんな場合じゃないってば！

今日はここを撤収してホテルに帰るだけだが、明日は九か月ぶりの〈ふれあいコンサート〉が待っている。午前中からリハーサルを繰り返し、一四〇〇《ヒトヨンマルマル》には開演。中学校で発生した楽器の盗難事件に、気を散らしている場合ではない。神経をコンサートに集中しなくては。

「あ、だけど、これ——」

山根さんが何かを言いかけた時、佳音は自分を呼ぶ声に振り向いた。

「鳴瀬先輩、そろそろ大ホールに集合してくださいね」

ひょい、とドアを開けて顔を覗かせたのは、航空中央音楽隊の最若手、真弓《まゆみ》クンだった。

やっぱり、いつ見てもきりっとした男子のようだ。長めの前髪が、顔を傾けた瞬間にぱさりと額に落ちかかる。女子生徒たちが声にならない嬌声《きょうせい》を上げるのが聞こえるようだ。

「さあ、それじゃ大ホールに行きましょう」

——タカラヅカめ。

真弓クンが声をかけてくれたのをいいことに、みんなを急がせる。内心では半分ほっとして、半分残念だった。

——いったい、山根さんの中学校では何が起きているのだろう。

「ねえ、山根さん。もうひとつの班にいた今江田くんって、同じ学校の生徒かな」

「今江田ですか？」

いまどきの若者は、女の子が男の子を呼び捨てにするのも珍しくない。自分の楽器を片付けていた彼女は、小首をかしげながらこちらを振り向いた。

「そうですよ、同じ一年です。生意気なやつだから、何か変なこと言ったんならごめんなさい。悪いやつじゃないんですけど、いろいろあって」

そうか、あいつは同級生にまで生意気呼ばわりされるくらい、変わったやつだったのか。

——やっぱり。

妙な満足感に包まれて、佳音は楽器を持ち上げた。

「今日は私、絶対に海鮮丼を食べようと思ってきたの」

美樹が、なぜか悲壮感をオーラのように全身にまとわせながら握り拳を作っている。

「えー、食べましょうよ。やっぱり鳥取に来たら海の幸ですよね。新鮮なお魚に日本酒ですよ！　ああ、おなかすいてきたあ」

ガイドブックなど見ながら、のんきな声を上げているのは真弓クンだ。その隣では安西夫人が手鏡を出して化粧のチェックに余念がなく、少し離れた場所にはなぜか、ゴリラ・渡会と、バリトンサックスの斉藤《さいとう》くんまでいる。タンポポの綿帽子みたいな斉藤くんの髪型は健在だ。彼らは所在なさげにたたずみながら、ぼそぼそと男同士で喋《しゃべ》っている。

そしてその向こうにはなんと――諸鹿三尉。こんなところに彼がいていいのかとも心配になるが、飄々《ひょうひょう》とホテルの外を眺めている。

「信じられないくらい分厚いブリ！　シメサバ！　鯛！　とろんと甘そうなホタテ！　ご飯大盛り可！　ネットの写真を見ただけで、私はあの海鮮丼と恋に落ちたのよ！」

「だから行きましょうって。どこですか、そのお店は」

「だから、印刷した地図を持ってくるの忘れたの！」

きいっとヒステリックに叫びながら、美樹が真弓クンの首を絞めている。まったく、いつものことながら騒々しい。

有志一同で軽く飲みに行くために、ホテルのロビーに集合したところだった。鳥取駅のすぐ近くにある、客室数が四百はあるホテルだ。このくらいの規模のホテルでもないと、航空中央音楽隊の一行が宿泊するなんて無理な相談だ。

女四人で飲みに行こうかと相談していたら、日本酒と海鮮、という単語が渡会のアンテナに引っかかったらしく、斉藤と一緒についてきた。エレベーターに乗り込んだら、たまたま買い物に出ようとしていた諸鹿三尉と乗りあわせて、食事のことを話すと面白そうだからついていくと言われたわけだ。

――今夜は酔っぱらうほど飲んじゃだめね。

今さら諸鹿三尉の好感度をアップできるとは思えないのだが、せめてこれ以上、悪印象を持たれたくはないのが乙女心というものだ。明日はコンサート本番だし。

「このお店じゃないか」

ふと顔を上げると、諸鹿三尉がスマートフォンの画面を美樹に見せているところだった。

「あぁっ、これです、まさにこの写真！　忘れもしない、このぷりぷりした鯛のお刺身！　すっごおい、諸鹿さんどうやって見つけたんですか」

「ちょっと検索してみただけだよ。この店ならホテルのすぐ近くみたいだから、良かったね」

謙遜《けんそん》してはいるが、諸鹿三尉は若い女子に手放しで誉められて、まんざらでもないようだ。

　──美樹のやつ。

　自分は陸自のいい男を捕まえてさっさと結婚して家庭を持ったくせに、諸鹿三尉の気まで引くとはどういうことか。どうしてあんなにがさつなのに、隊の男性隊員に受けがいいのだろう。く、悔しい。

　きりきりと奥歯を噛《か》みしめ身体を震わせていると、諸鹿三尉がこちらを振り向いて手を振った。ぎくりと焦《あせ》りながら生ぬるい笑みを貼りつける。

「行くよ、鳴瀬さん。また遅れないようにね」

「は、はい！」

　またしても、おみその扱いだ。不覚！

「それじゃ、誰かが準備室に入って、楽器のパーツを盗んでいくってこと？」

　安西夫人が目を丸くしている。

　お目当ての居酒屋は、諸鹿三尉が言ったとおりホテルから歩いてすぐだった。鳥取といえば砂丘に温泉、ゲゲゲの鬼太郎ときて──もちろん、この季節ならイワガキと、夏の夜、日本海で獲れるシロイカ──別名ケンサキイカだ。ここは安くて美味《おい》しい上にボリュームがあるので、地元でも有名な店らしい。カウンターと、小上がりのテーブル席がいくつか並ぶ。佳音たちが訪れた時にはほぼ満席状態だった。じきに出る客がいるから、しばらくお待ちいただけたら席を作りますと言われて、肩を落としかけていた美樹が元気を取り戻した。

「海鮮丼三つ、イクラ丼ふたつ、シメサバ丼ふたつね。それからアワビのバター焼きに、生ウニ、サザエのつぼ焼きをひとつずつ！」

「とりあえずビールと、この瑞泉《ずいせん》ってお酒をひやで！　おちょこは人数分お願いします」

居酒屋メニューは美樹の専門だ。てきぱきと注文を出して、生き生きした表情で仕切っている。本来なら六人掛けのテーブル席は、七人座るとちょっぴり窮屈だったが、このくらいのほうが親密な雰囲気になって良いかもしれない。

「ほらね、だからいつも言ってるじゃないの。鳴瀬さんは呼んでしまうのよ、トラブルを」

運ばれてきた日本酒で口を湿らせて、安西夫人がシャム猫みたいにうっとりと目を細めた。なにしろこの瑞泉、地元鳥取を代表する地酒のひとつで、すっきりした辛口だが味わいは濃厚、香りもいいときている。ちなみに沖縄の泡盛とは別のものだ。

「またあ、違いますって。今のところ私たちには関係のない話なんですから」

——よりにもよって、諸鹿三尉の目の前でそんな話をしなくとも。

佳音は唇を「へ」の字に曲げて、ビールジョッキをぐいと呷《あお》った。この季節、一杯めのビールは最高だ。

「トラブルを呼ぶってどういうこと？」

案の定、諸鹿三尉が笑顔で尋ねてきた。この人は意外と何にでも食いついてくるのだ。この飲み会にだって、お誘いしたら素直についてきたし。

「そんな、たいしたことじゃないんですよ」

「鳴瀬さん、自分を過小評価してはいけないわね。入隊してから、怪我《けが》に食中毒に、入院何回だったかしら」

安西夫人の言葉に、諸鹿三尉がようやく思い当たったらしく、ああ、と納得していた。そんなに簡単に納得されると立つ瀬がない。

「そんな、夫人。今回は中学校の話ですから」

基地の外で飲む時には、仕事の話をしないようにしている。自衛隊だとわかると、たまに妙にからまれることもあって、せっかくの息抜きが台無しになってしまうこともあるのだ。

でもまあ、中学校の楽器が消える話くらいは、大丈夫だろう。

「楽器のパーツなんて盗んでどうするんだろうな。盗ったパーツを組み合わせて、最終的にひとつの楽器になるというならともかくさ。フルートにオーボエにクラリネットじゃなあ」

斉藤くんがしきりに首をひねっている。

「その女子生徒が言うには、誰かの嫌がらせじゃないかって」

「中学校の吹奏楽部に嫌がらせって、そりゃ内部の犯行でしょうなあ」

美樹がいっぱしの名探偵気どりで意見を開陳したところに、お待ちかねの海鮮丼が運ばれてきた。確かに、美樹ならずともうっとりするほど肉厚の刺身が載っている。みんな、さっそく割り箸を手に、いそいそと丼に向き合った。中学校の怪事件は、しばし佳音の頭から締め出される。

「白いブラウスに、チェックのボウタイって言ったわね。それ、有富《ありとみ》中学校の生徒だわね」

新鮮な刺身と炊きたてごはんのハーモニーに心ゆくまで舌鼓《したつづみ》を打った後、情報通をもって自任する美樹が指摘した。彼女が言うには、今日のイベントに参加した中学校のなかで、有富中学校はもっとも吹奏楽部のレベルが高いという触れ込みの学校だったそうだ。

「そう言えば、去年は全日本で金賞を取ったって話してた。ほら、あの生意気な男子と同じ学校の子だったの」

　渡会に話を振ってみる。薄情な男で、昼間のことなどすっかり忘れていたのか、言われてやっと思い出したという顔をした。美味しいものを食べる時は、さすがの渡会も頬《ほお》が若干緩むようだ。ゴリラだって、好物のバナナを食べる時はそこはかとなく嬉しげになる。

「ああ、あの子の学校なのか。そりゃ奇遇だったな」

「学校の吹奏楽部は毎年生徒が入れ替わるから、去年良くても今年どうなるかはわかんないけどねえ。指導する先生が変わっても、突然変わるし」

　そこまで言いかけて、おっと、と呟くと美樹は口をつぐんだ。カウンター席の女性客が、こちらの様子を窺い見ていた。どうやら会話に耳を澄ませているようだ。よけいなことを口にしてしまったと後悔したのか、美樹はそれきり黙ってしまった。有富中学校は、ここ鳥取市内の学校ではないらしいが、地元に卒業生など関係者がいるかもしれない。うかつなことは言うものではない。

　店の外にはまた行列ができていた。目当ての海鮮丼をたらふくかきこんでしまうと、長居は店に気の毒だ。

「二軒目は、近くのバーでも探しましょうか。ワインバーなんかどうですか」

「いいわね。駅のこっち側にお店が多いようだから、歩いて行けるね」

美樹と真弓クンがガイドブックを覗きこんで相談している。

びっくりするほど安いお勘定をすませて店の外に出ると、空気がじっとりと湿っていた。天気予報では降水確率が低かったが、ひと雨来るのかもしれない。傘を持ってくれば良かった。

佳音が空をふり仰いだ時だった。

「あのう、失礼ですが航空中央音楽隊の方でしょうか」

女性のもの柔らかな声がかけられた。

軽く緊張して、ついでに警戒もしながら振り向くと、先ほどカウンター席に座ってこちらの会話に聞き耳を立てていた女性だった。遠目にはもっと若い印象だったが、こうして近くで見ると四十代だろうか。白のドット柄で、紺地のワンピースに、大きな白のショルダーバッグをひっかけている。

諸鹿三尉がみんなを代表してにこやかに頷いた。

「ええ、そうです。失礼ですが、どちら様でしたでしょうか」

「ああ、やっぱり」

彼女は、諸鹿三尉の涼しげな容貌《ようぼう》に、一瞬目を奪われたように見えた。

「さっき、ちらっとお店の中でお話が漏れ聞こえてしまいまして。失礼しました、わたくし有富中学吹奏楽部の顧問をしております、都田《みやこだ》と申します」

美樹が、えっと呟いて口を押さえた。安西夫人が、うるわしくかつ冷ややかに美樹を睨《にら》む。よけいなことばかり口走るからよ、と言いたげだ。

「昼間は生徒がたいへんお世話になり、本当にありがとうございました」

「いえいえ、こちらこそどれだけお役に立てたかわかりませんが、生徒さんたちがこれからも吹奏楽を楽しんでくだされば嬉しいです」

都田先生と諸鹿三尉が、こもごも頭を下げながら丁寧に挨拶を交わしている。大人の会話は諸鹿三尉が一手に引き受ける。自衛官はノーブレス・オブリージュの精神が行き届いている。偉くなるってことは、義務を伴うものなのだ。

「それで、先ほどお話しされていました、わが校の楽器のことなんですけれども」

都田先生が、不安そうに軽く眉根を寄せ、顔を上げて音楽隊の面々を見まわした。

「うちの楽器が消えたって――いったいなんのことですか?」

――おやまあ。

佳音は思わず天を仰いだ。

有富中学の吹奏楽部は、なんと佳音たちと同じホテルに泊まっていた。金賞を受賞したのをきっかけに、学校やPTAを挙げて吹奏楽部を応援しているというだけあり、観光バスをしたてて六十名ほどの部員をそっくり乗せて鳥取市にやってきた。技術指導を受けるだけではもったいないので、明日の〈ふれあいコンサート〉にも参加して、一流の吹奏楽演奏にナマで触れる機会にしようと事前に教育委員会に依頼したのだという。生徒にとっては、ちょっとした遠足気分だろう。

「まさか、顧問の先生に知らせてなかったとはねえ」

美樹がやれやれと肩をすくめる。

都田先生は、佳音から事情を聞くと慌ててホテルに帰っていった。佳音たちも、ひとまず二軒目の店を探して飲んだものの、生徒たちと都田先生とのあいだでどんな話し合いが行われているかと想像するとどうも気が乗らず、早々に切り上げてホテルに戻ってきたのだ。

まだ二一〇〇《フタヒトマルマル》にもなっていない。よく飲みかつよく食べたので、夜風に吹かれてぶらぶら歩いて戻ると、腹ごなしのよい運動になった。

「どうして先生に話してないのかわからないけど、よけいなことを喋《しゃべ》っちゃったなあ。山根さんに恨まれそうな気がする」

例の楽器紛失事件を話してくれた山根さんは一年生だ。ひょっとすると、先生に黙っていようと決めたのは上級生かもしれない。一年生の彼女がうっかり外部の人間に秘密を漏らし、それが原因になって先生に知られたとなると、上級生の風当たりが強くなるのではないか。あの時そういえば、確かに山根さんは何かを言いかけたように見えた。真弓クンに声をかけられたので、言いそびれてしまったが、先生には言わないでと口止めしかけていたのではないか。

いろいろ心配だったので、彼女の名前は都田先生にも話さなかった。それでも、先生なら佳音が指導した生徒の名簿ぐらい手に入るだろうから、誰が喋ったのかは一目瞭然だろう。

「楽器のパーツがなくなるなんて、生徒も責任を感じたのかな」

佳音の言葉に安西夫人が唇をゆがめた。この人はきれいな容貌に似合わず、けっこう皮肉屋だ。

「それにしても、先生が全然気づいてなかったっていうのも、うかつすぎないかしら？　今はまだパート練習の段階で、全体練習にはこれから入るのだとしても」

「よっぽど生徒の結束が固いんですかねえ」

ホテルのロビーを抜けてエレベーターホールに向かう。フロントに身を乗り出して何やら尋ねている女性の姿を見て、佳音は足を停めた。――都田先生じゃないか。さっき会った時と同じ服装だ。

「どうしたんだろう」

諸鹿三尉や美樹たちも立ち止まる。ちょうどその時、ホールに到着したエレベーターのかごの中から、制服姿の中学生が十数人降りてきた。白いブラウスにチェックのプリーツスカート。有富中学の生徒だ。

「先生、私たちも手分けして捜します」

「あなたたちは降りてこないで、って言ったでしょう！」

生徒の姿に気づいた都田先生が、フロントを離れ、両手を腰に当てて立ちはだかる。

――おお、仁王立ち。

堂々として太い声といい、なかなかの貫禄だ。いや、妙な感心をしている場合ではない。

どうやら有富中学校の生徒に、何かが起きているようだった。

男子が三名、女子が十一名という生徒たちは、みんな制服を着たままだった。

昼間見た今江田くんや山根さんよりも、ずいぶん大人っぽい。おそらく、二年生か三年生なのだろう。なんだか、きりっとして賢そうな子どもたちで、佳音はやや気後れしてたじろいだ。こ、こんな子どもにまで負けた感じがするとは……。

「都田先生、何かありましたか」

様子を見ていた諸鹿三尉が、スポークスマンとしての責任を感じたのか、そっと近づいて声をかけた。佳音たちもつられて、諸鹿三尉の背中に隠れて近寄る。

「それが──今江田くんという一年生の生徒がひとり、ホテルを飛び出してしまったんです」

えっ、と佳音は思わず渡会の顔を見た。──あの小生意気な今江田くんが？

あとのエレベーターで、次々に生徒たちが降りてきた。一年生も混じっているようだ。吹奏楽部の生徒たちは、全員で今江田くんを捜すつもりだったらしい。

「あ、僕は今江田くんを知ってますから、捜索に参加します。彼は僕の班にいたんです」

「私も休憩時間に話しましたからわかります」

渡会と佳音が手を挙げると、諸鹿三尉が頷いて都田先生に向き直る。

「子どもたちをこんな時間に外出させるのは危険です。我々も個人的に捜索に参加させてください。ただ、このふたり以外は今江田くんの顔がわからないので、三年生の生徒さんを数人お借りできますか」

さすが諸鹿三尉。決断が早い。美樹や安西夫人たちは、ゆっくり休めるはずがこんなことになって、正直やれやれという表情だったが、それでも十三歳の子どもが行方不明になっているというのに、放っておける人たちではない。

諸鹿三尉の指示で、音楽隊の七名は、今江田くんの顔を知らない五人が三年生とペアを組み、佳音と渡会はひとりずつ。都田先生は他の生徒たちの監視も兼ねて、ホテルで連絡役だ。

「今江田くんらしい子どもがいたら、すぐ都田先生に電話をすること」

フロントに近辺の略地図をもらい、ざっと線を引いて七つのエリアに分ける。それぞれの分担地域というわけだ。この人は、やることにいちいちそつがない。地図のコピーを受け取って、彼らはホテルを出発した。

――んもう、あの生意気小僧は！

佳音に割り当てられたのは、鳥取駅とその周辺だった。走りだしながら、銀縁メガネを指できゅっと押し上げて、顎をつんと上げた今江田くんの顔を思い出す。何があったのか知らないが、夜遅くにひとりでホテルを飛び出すとは言語道断だ。シメてやらねば。

明日は〇九〇〇《マルキユウマルマル》にホテルの前に集合だ。歩いていける距離ではあるが、楽器など大きな荷物を抱えているため、バスで文化ホールに向かう。身支度をして一〇三〇《ヒトマルサンマル》からリハーサル開始の予定だった。コンサートの前には、ゆっくり眠っておきたいというのに――。

バスターミナル、いない。駅前広場、どこにもいない。植え込みの陰にでも隠れてやしないかと、ひとつひとつ覗いてまわったが、無駄足だった。生意気小僧がなんのつもりで飛び出したのか知らないが、こんなに人目が多くて見つかりやすい駅の方面には来ないのではないか。

駅舎を捜してみて、それでもいなければ駅の反対側のロータリーを捜すか。ＪＲ鳥取駅はそれなりに広い。コインロッカーの前、改札周辺、銀行はもう閉まっているが、念のためＡＴＭコーナーに誰もいないことを確認した。駅員さんに事情を話して、中学生を見ていないか乗務員に尋ねてもらったほうがいいだろうか――と考え始めたときに、それが視界に入った。

驚くべき幸運だ。

中二階から、とぼとぼと階段を降りてくる少年の姿。昼間と同じ制服姿だ。

すぐさま携帯電話を取り出し、少年がこちらに気づく前に、都田先生の番号にかけた。

「見つけました！　鳥取駅です。中二階から一階に降りてこようとしています。これから確保します！」

まったく、私は刑事じゃないんだけど。

いったん携帯を鞄にしまって、身を乗り出して少年に呼びかけようとし――

はたと佳音は動きを止めた。メガネの奥の赤く充血した目。どうせハンカチも持たずに飛び出してきて、手で拭《ぬぐ》ったんだかトイレのペーパータオルででも拭《ふ》いたんだか、ごしごしこすって赤くなった頬。

――泣いてたんだ、この子。

さて、困ったことになった。鳴瀬佳音、二十九歳。泣いている少年の取り扱いには、まだ慣れていない。

「都田先生も、吹奏楽部のみんなも、本当に心配して全員で捜しに来ようとしてたんだよ。どうしていきなり飛び出したりしたの」

責めちゃだめだと思うものの、つい訊《き》かずにはいられない。

今江田くんは、声をかけると意外と素直についてきた。ひとりでホテルに連れて帰るよりも、どのみちすぐ他の連中がここに駆け付けてくるだろうから、それまで駅にいたほうがいい。そう判断して、もう一度司令塔役の都田先生に連絡すると、佳音は自動販売機の前に彼を連れていった。思い切り泣くと、喉が渇くはずだ。オレンジジュースを買って渡すと、案の定ごくごくと喉を鳴らして飲んだ。

「――みんなが、今年の金賞は無理だって言うから」

またしてもまつげに涙のしずくを溜めながら、今江田くんが俯《うつむ》く。ああ、わかった。わかったからここで泣くのはやめてほしい。制服を着て飲みに行くわけにはいかないから、こっちは私服姿だが、この少年は中学の制服姿だ。周囲は姉と弟に見てくれるだろうか。

――まだ見えなくもないか。

「金賞って、全日本の？　そんなに金賞取りたいの？」

こっくりと頷く。生意気な男の子だと思っていたが、素直にしているといじらしい。だいたい、今江田くんは今年の春に入部したばかりだし、昼間、彼の音を聴いたところでは、正直まだ音にもなりきれていなかった。金賞が取れないと言われて、泣いて飛び出すほどの衝撃を受けるなんて――なんだか変だ。

それに、盗まれていく楽器のパーツ。いったいこの学校、何が起きているのだろう。

「ねえ、今江田くん。どうしてそんなに金賞を取りたいのよ」

口にしてすぐ、自分が失敗を犯したことに気がついた。その質問は、今江田くんの心の一番柔らかい場所に突き刺さったらしい。ぼろぼろと大粒の涙をこぼしはじめた少年に、すっかり慌てふためいて佳音はハンカチを探した。こんな時に限って、なぜか鞄の中から出てこない。

「――お兄ちゃんに、金賞取るって約束したから」

涙ながらに今江田くんが答えた時、ちょうど向こうから諸鹿三尉と吹奏楽部の三年生が走ってくるのが見えた。大柄な三年生の女子生徒は、ほっとしたのか自分も顔を真っ赤にしながら大きく手を振っている。ようやく見つけたハンカチを今江田くんに手渡しながら、佳音は疑問がふくらむばかりだ。

お兄ちゃんに約束したとは、どういうことだろう？

まったく、この年頃の子どもが考えることは、よくわからない。

「あ、ピアノはもう少し前にお願いします。急な変更ですみません」

「お弁当、一二〇〇《ヒトフタマルマル》に届きますから！　受け取りよろしく」

リハーサル前のホールと控室は、セッティングに駆けまわる音楽隊員で慌ただしい。なにしろ、照明の専門家などを除けば、ステージ・オーダーに沿って会場設営から楽器の搬入、楽譜を並べるところまですべて、自分たちでやらねばならないのだから。

一〇三〇《ヒトマルサンマル》から一二三〇《ヒトフタサンマル》まで二時間のリハーサルは、最後の仕上げだ。今回は、鳥取県の砂丘にちなんで『砂丘の曙《あけぼの》』という短い曲を最初に選び、前日指導した吹奏楽部の生徒が大勢来るだろうということで、コンクールの課題曲『シャコンヌS』も選曲している。第一部はその二曲に、マルセル・ケンツビッチ『レジェンド』と、シベリウスの『フィンランディア』。第二部はぐっとくだけて、『アフリカン・シンフォニー』やおなじみのポップスを何曲か演奏する予定だ。

第一部と第二部で舞台のセッティングが変わるため、リハーサルは第二部を先に実施し、第一部は後回しにする。そうすると、リハーサルが終了した時には、ステージ上が本番を開始できる状態になっているというわけだ。

一二三〇《ヒトフタサンマル》からは仕出し弁当の昼食をとり、演奏用の制服に着替えて、一四〇〇《ヒトヨンマルマル》からいよいよ本番だ。

リハーサルの準備が整ったことを確認し、佳音はふうと長い吐息をついた。

(あの子のお兄さんは、今年の春に有富中学校を卒業した。去年の吹奏楽部長で、有富中学を金賞受賞に導いた立役者だったらしい)

昨日の夜、しきりにしゃくりあげて説明が言葉にならない今江田くんをホテルに送り届け、都田先生や吹奏楽部の生徒が胸を撫でおろすのを見届けた後、諸鹿三尉が捜索を手伝った佳音たちを宿泊フロアのエレベーターホールに集めて教えてくれた。

諸鹿三尉とペアを組んで、今江田くんを捜しに出たのが現部長の三年生だったそうで、三尉は彼女をうまく説得して、事件の背景を聞き出したらしい。おそらく、そうできるように現部長を自分と組ませたのに違いない。見た目はおっとりしているが、この人はなかなかの策士なのだ。

——そこがまた、いいんだけど。

いや、今それはどうでもいい。

（お兄さんに、金賞を取ると約束したとか言ってましたけど）

佳音が小さく右手を挙げて発言すると、諸鹿三尉もその情報を得ていたらしく、頷いた。

（卒業してすぐ、お兄さんは交通事故に遭って病院に運ばれたが、結局亡くなったそうだ。重傷を負って入院した彼はずっと、自分が卒業した後の吹奏楽部を心配していた。なんとか喜ばせようとしたんだろうな。お兄さんが亡くなる前に、自分が吹奏楽部に入って金賞を取るから見ていてくれと言ったそうだ。それまで今江田くんはピアノをやっていて、全日本ジュニアクラシック音楽コンクールで優勝するなど、素晴らしい成績を残していた。もちろん今年も期待されていた）

（ピアノを捨てて、サックスに転向したってことですか）

そういえば、あの子の手を見た時に、ピアニストの指だと思ったことを思い出す。

（うん。『鳥取のエフゲニー・キーシン』と呼ばれていたんだってさ）

美樹と真弓クンがぷっと吹き出し、諸鹿三尉も困ったような顔になる。キーシンと言えば、神童と呼ばれたロシアのピアニストだ。しかし、あの生意気坊主と神童のイメージが、どうもぴったりとこない。

（本人にはあまりピアニストとしての自覚はなかったんじゃないかな。まだ中学一年生だ

し、周囲は天才だともてはやしても、将来はどうなるかわからないからね）

（去年、金賞を受賞したというのは）

（三年生のレベルが飛び抜けて高かったそうだよ。特に、今江田くんのお兄さんのフルート。後はクラリネットとオーボエに、将来は音大に行きたいという子が何人かいたらしいから）

（えっ、お兄さんはフルートだったんですか。てっきりサックスなのかと）

（今江田くんは、五月ごろに吹奏楽部に飛び込んできて、すぐ吹けるようになる楽器を教えてくれと頼んだそうだ。今年のコンクールに参加するつもりだったんだろう。まあ、サックスはフルートより一応音だけは出しやすいからなあ）

居酒屋で飲みながら美樹も言っていたが、学校の吹奏楽部のレベルは年度によって変わることがある。顧問や先輩の指導力が高ければ、まず問題はない。吹奏楽はチームワークだから、個人の技量だけでは良い音楽は作れない。

ところが、時としてあまりにもずば抜けて才能のある演奏者がそろってしまうと、その一年間は夢の一年になる。そのメンバーが卒業した後が問題だ。後輩が追いつくことができればいいが、できない場合もある。

（今の二、三年生は、とてもじゃないが去年のような演奏は無理だと感じていたそうだ。

ところがそこに、兄との約束を果たすために、どうしても金賞を取りたいと思いつめた今江田くんが飛び込んできた)

小さく「あっ」と声を洩らして、佳音は口を押さえた。自分たちの実力を知る二、三年生は、さぞうろたえたことだろう。ピアニストとしての将来を捨ててまで飛び込んできた、今江田・弟の気持ちはよく理解できる。希望する高校に入学して、そこでも吹奏楽部に入部したばかりだった前部長の突然の死は、後輩たちの胸にもせつない影を落としていたことだろう。なんとかして、弟の願いをかなえてやりたいのは山々だ。しかし――去年の三年生が抜け、技術力の後退はいかんともしがたい。

今江田・弟は、それこそ鬼気迫る形相《ぎょうそう》でサックスに没頭したのに違いない。へたくそだったが、意気込みは一流だった。そして、コンクールの予選は一日、また一日と近づいてくる。

(焦ったでしょうね)

(そう。なんとかして、今江田くんに諦《あきら》めてもらいたい。自分たち自身が認めることも辛かっただろうと思うが、今年の金賞が無理だということを、納得してもらいたい。今江田くんだって金賞を取れる可能性があると考えたから、ピアノを捨ててまで吹奏楽に飛び込んだのであって、最初から無理だとわかっていれば周囲の期待を裏切ることもなかった

だろう。困惑して、責任も痛感した二、三年生たちは、考え抜いたあげく芝居をうつことにした）

ようやく――何もかもが、すとんと佳音の腹に落ちてきた。

（それでパーツ泥棒）

（そういうことだ）

鍵のかかる音楽準備室。鍵を開けて楽器のパーツを取り出すことぐらい、考えてみれば吹奏楽部の部員なら簡単にできる。犯人が自分たちだから、教師に報告するわけにいかなかったのだ。クラリネット、フルート、オーボエと少しずつパーツを隠していって、その代わりにと個人の楽器をこっそり持ち込んだ。あまり質の良くないものを、わざと。

（よく都田先生に気づかれませんでしたね。だいたい、事情を知らない一年生の中には、顧問に言いに行こうとする子はいなかったんですか）

美樹が指摘する。もっともな疑問だ。諸鹿三尉も静かに頷く。

（三年生はみんなを集め、指示を出したそうだ。この事件は校内の生徒の悪戯だと思う。へたに騒ぎたてれば先生方が問題視して、犯人とみなされた生徒は処分を受けるかもしれないし、部活動にだってどんな悪影響を及ぼすかわからない。だから、コンクールが終了するまで黙っていようと）

(そして今日、真相を知らない一年生の山根さんが、うっかり私に学校の秘密を喋ってしまったんですね)

(そう。三年生はそれを逆にチャンスと見た。都田先生にいつまでも隠しておける問題ではない。楽器を持ち込んでいることも、そのうちバレるだろうしね。パーツが消えたことを明らかにして、楽器のレベルがずいぶん変わるので、今年の金賞にはとうてい手が届きそうにないと晴れて宣言したわけだ)

それで、今江田くんが泣きながらホテルを飛び出したのか。管楽器も、楽器が変わると音質や吹きやすさまで変わってしまうのだ。

——だけど……。

どことなく居心地の悪い思いで、佳音たちはちらちらとお互いの表情を窺い見た。安西夫人が、あまり関心がなさそうな顔で肩をすくめた。

(あの子たち、ずいぶん簡単に諦めちゃうんですね、金賞。そりゃ、先輩との技術の差は感じていたかもしれないけど、そういう上手な人たちの指導を受けて、おまけに長いあいだ一緒に練習してきたというアドバンテージはあるわけでしょう。一度は金賞を取ったという経験も積んでいるし。今年は無理だなんて、諦めるのが早すぎやしません?)

(俺もそう思います)

ゴリラ・渡会が、筋肉の盛り上がった腕を腰に当て、大きく頷く。

（一年上の先輩が上手で、追いつけないように思えるのは当たり前ですよ。自分たちが二年生、三年生になったいま、一年前の先輩と比較してどうだったか、冷静に判断できるはずがない。子どもの頃の先輩は、いつまでたっても先輩なんです）

中学・高校の吹奏楽部は、意外とノリが体育会系に近い。パート練習ではどうしても先輩が後輩を指導することになるし、スポーツと一緒で、とにかくチームプレーが大事なのだ。自然に、体育会系的な上下関係もしっかりできていく。

（僕も正直、そう思うけどね。しかし、去年の金賞受賞以来、ＰＴＡがすっかりその気になっちゃってるらしい。いい楽器を入手するために寄付金を募ったりして、子どもがプレッシャーを感じるほど熱心なんだそうだよ。生徒が自分で逃げ道を作ろうと考えたのは、あの年頃の子どもにしては誉めてやってもいいくらいだと思うよ）

――逃げ道か。

昨夜の諸鹿三尉の言葉を思い出しながら、佳音はひとり心を宙にさまよわせた。諸鹿三尉の口から「逃げ道」なんて言葉を聞くとは意外だったけれど、人間にはたまに、「逃げ道」だって必要な時があるのかもしれない。そんなことを自分が口にすると、「佳音はとっくに言い訳ばっかりしてるじゃない」と美樹あたりに呆れられそうだけど。

金賞が取れなくても、そこで人生が終わるわけじゃない。逃げない生き方は素晴らしいと思うけれど、万が一のために逃げ道を用意できる生き方だって、それなりに利口でたくましいのかもしれない。

「そろそろ始まるわよ。ぼうっとしてないで座りなよ、佳音」

美樹に後ろから肩をつつかれる。一〇三〇《ヒトマルサンマル》、いよいよリハーサルの開始だ。

一四〇〇《ヒトヨンマルマル》、拍手の嵐のなか、席につく。

舞台の上は明るく照らされ、客席の照明は暗く抑えられているが、舞台上から客席の顔は意外とよく見通せる。

六百席足らずの客席を、佳音は素早く目で追いかけた。昨日の技術指導に参加していた吹奏楽部の生徒たちの制服姿が、あちこちに固まって見える。

——いた。

都田先生の、クリームイエローのスーツが見えた。その周辺に、チェックのボウタイと白いブラウス姿の女子生徒や、半袖シャツの男子生徒が集まって座っている。有富中学の生徒たちだ。その中に、今江田くんが確かに混じっていることを、佳音は確認した。

あいかわらず、銀の細いフレームのメガネをかけて、生真面目な顔をしている。だけど、今日はどこか複雑な表情だ。

「いるよ」

隣に座る美樹を、ひじで小さくつつく。

「了解。わかってるって」

端然とフルートを膝《ひざ》に載せている安西夫人は、こちらを見るでもなく澄ました顔をしているが、軽く眉を撥《は》ね上げたところを見ると、今江田くんに気づいたのは明らかだった。

木琴の前にいる真弓クンも、こちらを見ている。

――任しといてください、鳴瀬さん。

小さくVサインを作ってみせた。

スポットライトのなか、本日の指揮を執る諸鹿三尉が、まっすぐに背すじを伸ばしたみごとな姿勢で舞台のそでから中央の指揮台に上がる。いっそ優雅と呼びたいような、自然で流れるような動作で客席に向かって一揖《いちゆう》し、くるりと身をひるがえすと右手が挙がる。

最初の曲は『砂丘の曙』。こちらはもう、いつでも曲に入れる準備は整っている。いつもの楽譜、いつもの演奏。だけど、まったく同じ演奏じゃない。一回、一回が真剣勝負だ。

抑制のきいた気迫とともに行進曲が始まると、客席の中学生たちが真剣に耳を澄ませるのがわかった。ぴんと粒立《つぶだ》った音の粒子の中から、自分のパートを聴き分けようとしているらしい生徒の顔も見える。

今江田くんは、呆然《ぼうぜん》としていた。

渡会のサックスを聴いて、態度を改めたほどの少年だ。ピアノの才能もあるというし、音楽的素養に恵まれているのだろう。

第一部のクラシカルな選曲に比べて、休憩時間をはさんで始まる第二部は、ぐっと軽やかなポップスだ。第二部までの休憩時間に真弓クンが客席に走り、都田先生と今江田くんを見つけて話をしているのが、舞台のそでからよく見えた。都田先生には朝のうちに話をつけておいたのだが、今江田くんは困惑の表情を隠せないようだ。

——がんばれ、真弓クン！

いつの間にか、美樹がすぐ隣に来て一緒に客席を見守っていた。今江田くんは、激しく首を横に振っている。とんでもない、と言わんばかりだ。

「あーあ、やっぱり無理かなあ。中学一年生だもんねえ」

「まあ、無理でもともとだもん。こっちには別にそれほど影響もないし」

ぶつぶつと美樹と話しあっていると、ふいに真弓クンがこちらを振り向いて、もう一度しっかりＶサインを見せた。任せてくださいと言ったでしょ、と薄い胸をばんと叩《たた》くジェスチュア。その向こうで、今江田くんがしょげかえって、座ったまま床を見つめている。

佳音は美樹と顔を見合わせた。すかさず右手を挙げてハイタッチする。

「──おお。やったね」

こいつは気が抜けなくなってきた。

ホールがとどろくような拍手で満たされる。第二部が終了し、いったん舞台のそでに姿を消した諸鹿三尉が指揮台に戻ってくる。もちろん、アンコールに応じるためだ。楽器の水滴をぬぐったり、別の楽器に取り替えたり、忙しかった音楽隊員たちもしんと静まりかえる。準備はＯＫだ。

「本日は、航空自衛隊、航空中央音楽隊の〈ふれあいコンサート〉にお越しいただき、ありがとうございました」

マイクを握った諸鹿三尉が、壇上で深々と頭を下げる。本当に、一挙手一投足が絵になる人だ。口跡《こうせき》もすがすがしく、さわやかだ。

「実は今日、アンコール曲を二曲、用意しております。一曲は、私たちがよくアンコールで演奏する『空の精鋭』ですが、もう一曲は『文明開化の鐘』という曲です。昨年、全日本吹奏楽コンクールで金賞を受賞した、鳥取県倉吉市立有富中学校の吹奏楽部の皆さんが、文化祭で毎年必ず演奏されるという曲のひとつです。この曲には、金管楽器ばかりで演奏するバージョンと、吹奏楽で演奏するバージョン、ピアノつきのバージョンなど、たくさんのバリエーションがあります。今日は、昨年有富中学校に金賞をもたらして卒業した後、残念ながら事故で亡くなられた吹奏楽部の今江田雄太《ゆうた》前部長の弟さんであり、全日本ジュニアクラシック音楽コンクールの小学生ピアノ部門で、昨年と一昨年に優勝された今江田敏樹《とし き》くんに、ピアノをお願いしています」

おおっと、有富中学の生徒たちが座るエリアからどよめきが上がる。都田先生が耳元で何か囁《ささや》くと、今江田くんがおずおずと立ち上がり、不安と困惑に満ちた表情で一歩を踏みだした。

——あの子、ちゃんとここまで上がってこられるだろうか。

佳音は思わず拳を握りしめた。あんなにふらふらと、まるで宙に浮いたような歩き方をしていて、たどりつけるんだろうか。

階段の上から諸鹿三尉が軽く手を差し伸べて、昇らせると再度マイクを握った。

「それでは皆さん、ピアノの今江田敏樹くんに、温かい拍手をお願いいたします」

会場からさざ波のような拍手が起こると、今江田くんは真剣な表情のまま、両手を膝《ひざ》につけてぺこりと頭を下げた。

ピアノを担当するはずだった隊員が、急な腹痛で演奏できそうにない。そう言って、今江田くんに代打を頼んだのだ。

自衛隊はすべて命令にもとづいて行動している。コンサートで演奏する曲のリストだって、いいかげんに決めているわけではない。ちゃんと命令書があって、何月何日にどこでこの曲を演奏せよという命令が下りて初めて、動きだすわけだ。つまり、演奏者変更――しかも部外者による演奏――は命令変更を意味する。

これは、諸鹿三尉が事情を説明し、隊長や副隊長を説得してくれた。命令変更の手続きだって、率先して働きかけてくれたのだ。もちろん、コンサート本番の前夜という突然の命令変更を、音楽隊員に説明するのも諸鹿三尉の役目だ。本当に頭が下がる。

はっきり言って、昨夜から今朝にかけて、関係者は寝るひまもないくらい忙しかった。

諸鹿三尉が、ふたことみこと今江田くんに囁いた。たぶん、好きに弾いていいからとか、テンポはこのくらいの速度でいいかなとか、簡単に相談したはずだ。あとは、こっちで合わせられるから。

――リハーサルなしのぶっつけ本番。

ピアノを前にして、今江田くんは感慨深げに鍵盤を見つめた。楽譜をざっと見て、指揮台に上った諸鹿三尉にこっくりと頷いてみせる。

諸鹿三尉の手が挙がる。

それは、佳音たちにとっても、ちょっぴりエキサイティングな体験だった。

『文明開化の鐘』が壮大な幕を開けると、今江田くんは予想以上に軽々と、この短いが迫力たっぷりの名曲を奏ではじめた。この曲は、お兄さんが好きでよく練習していた曲なのだそうだ。今江田くんも気に入って、去年のピアノの発表会では、ピアノ版の『文明開化の鐘』を弾いた。

――やめられるわけがなかったんだ、ピアノ。

佳音は目を瞠った。

――やるな、この坊主。

セカンドアルトサックスの位置に座る渡会が、わずかに眉を上げる。

若い分、のびのびとして音にためらいがない。軽やかな指使いが、この曲の湧《わ》き立つようなイメージによく似合う。まさに、今から羽ばたこうと期待に胸をふくらませる雛《ひな》の勇躍。

まだ十三歳。十三歳の自分は、いったいどんなだっただろう。

佳音は、吹奏楽部に入って、初めてサックスを手にしたばかりだった頃の自分を思い出そうとした。既に遠い記憶だ。学校の楽器は使いこまれて古くて、それでも優美な曲線を描くベルを見て、きれいだなと思ったことを覚えている。

たぶん――今よりもうちょっと、まっすぐだったあの頃。

六分ばかりの曲が、あっという間だった。曲が終わると、会場は一瞬静まりかえり、すぐ割れんばかりの拍手に包まれた。

紅潮した頬で、今江田くんが子ども用に高めのセッティングにしたピアノ椅子からすべり降りる。諸鹿三尉に招かれるまま舞台の前に進み、ふたりでがっちり握手を交わした。再び拍手が大きくなる。

今江田くんの坊主頭が、階段を降りていく前にふとこちらを振り返った。渡会と佳音の顔を見つけると、はにかんだように笑い、かすかに頭を下げる。照れたのかすぐ前を向き、小走りになって有富中学の生徒たちや都田先生たちが待つ座席に帰っていった。

——あの子、たぶんピアノに戻るんだろうな。

お兄さんとの約束は、おそらく吹奏楽部にいることよりも、ピアノの世界で達成できるはずだ。吹奏楽部を金賞に導くことはできないかもしれないが、自分のピアノで聴衆を別世界に連れていくことはできる。

今江田くんがちゃんと席につくのを待ち、諸鹿三尉がこちらを振り返った。いよいよ本日最後の曲、『空の精鋭』だ。

佳音はゆっくりとマウスピースをくわえた。諸鹿三尉の指揮棒が振られるのを、穏やかな心持ちで待った。

インビジブル・メッセージ

「いいわね、鳴瀬《なるせ》さん」

目の前に安西《あんざい》夫人の顔がぐっと迫ってきて、鳴瀬佳音《かのん》は小さく喉の奥で唸《うな》った。安西夫人こと、安西庸子《ようこ》三等空曹は音楽隊の中でも飛び抜けて美人だが、アップで迫られると結構凄《すご》みがある。

演奏会の時には、とびきり念を入れてマスカラを使い、目ヂカラ百二十パーセントアップで向かうところ敵なし状態になる。練習日の今日は、ほとんどノーメークで、目元の淡いそばかすが見えるくらいだが、そういうナチュラルな彼女もけっして悪くない。

「今日はお茶出しを忘れないでね。あなたの当番なんだから」

「はい！　了解です」

「一一五〇《ヒトヒトゴウマル》よ」

「はいっ！」

「これ、受入れ計画のコピー」

ぺしっと音をたてて手渡された紙を佳音が受け取ると、安西夫人はさっさと立ち去った。階段を降りる間際にキッと振り向き、

「一一五〇《ヒトヒトゴウマル》よ、いいわね！」

と念を押すことだけは忘れなかったが。

「どうしたのよ、佳音？　夫人、えらくご機嫌斜めだったじゃない」

練習室のドアを開けたままだったので、廊下の会話が室内に丸聞こえだ。吉川美樹《よしかわみき》が背中越しに佳音の手元を覗きこむ。

佳音は安西夫人に渡された受入れ計画を握りしめ、肩を落とした。

「お客様が来る――！」

「あ、例のカメラマン？　練習風景を撮影したいっていう？」

音楽隊は自衛隊の広報部隊のひとつだ。音楽隊の活動を記事にする記者たちを始め、演奏会で共演する声楽家やピアニスト、指揮者や司会者など、いろんなお客が庁舎を訪れる。先日は音楽隊を舞台にしたミステリを書く小説家がやってきたし、今日は音楽隊をテーマにした写真集を出す予定のカメラマンが来るのだという。

いま佳音が手にしているのは、「カメラマン　狩野伸一郎《かのうしんいちろう》氏、部隊撮影受入れ計画」と

題された書類だ。自衛官は音楽隊であろうとなかろうと、みな命令によって作業を行う。来客の到着時から無事に送り出すまでのスケジュールを計画として作成し、上官の承認を得るのだ。何時に誰が基地の正門まで迎えに行くか、どの会議室を控室として用意するか、誰が応対するか、撮影の間は誰がエスコートするのか——。庁舎からお客を送り出す際の、ドアマンまで役割として決めておく。もちろん、お茶出しも。

そんなことまで予定を立てないと動けないのかと、入隊した最初の頃はびっくりしたものだ。近ごろ佳音にも身に染みてわかってきたのだが、ここまで細かく計画を作成するのは、自衛隊の仕事が間違いを許されない仕事だからだ。人間はミスをする生き物だ。だけど、自衛隊の仕事で「ついうっかり」間違えることは、誰かの命取りにつながりかねない。だから、できる限りの想像力を働かせて綿密な計画を立て、本番では計画どおりに粛々と実行する。来客時にミスがあったところで誰の命にも関わるわけではないが、これも訓練の一環だと思えば当然のことだ。ふだんから慣れておかなければ、いざという時に頭と身体が動かない。

——それは、わかっているのだが。

「どうして忙しい時に限って、こう来客が続くのかなあ！」

佳音の慨嘆《がいたん》に、美樹が吹き出した。

「嘆くなって。お茶出しくらい、いいじゃん」

「そうなんだけど」

なにしろ今年は、いろいろな条件が重なった。十月十六日に航空観閲式が開催され、続いて十一月十八日と十九日には〈自衛隊音楽まつり〉が開催されるという、なかなかタイトなスケジュールなのだ。十二月に入れば、立川《たちかわ》でクリスマスコンサートもある。観閲式は終わり、今は〈音楽まつり〉に向けての練習を始めている。本番まで残り十日。そんな時期に、来客にお茶を出すことでさえ、緊張するのであまり嬉しくない。安西夫人に、代わってもらえないかとさりげなく打診したのだが、じろりと冷たく睨《にら》まれただけだった。

近ごろ本当に機嫌が悪い。同じ部屋で生活する身としては、気を遣う。

「そっか、あんた前回、お茶出し当番を忘れたあげく、慌てて給湯室に行ってお茶いれて、会議室でひっくり返したんだ。だから夫人が血相変えて念押ししてたってわけね。あんたって本当に緊張しやすいよねえ」

美樹が腕を組み、苦笑いした。

悔しいが言い返せない。小さい頃から楽器を習っていて、舞台に立つ経験も豊富なのだから、もうどこに出ても緊張しないだろうと思われがちだが――。今でも佳音は、人前に立つと思うだけで膝《ひざ》が震える。舞台に立つと、なるべく意識を楽器に集中する。あまり客席を見ない。緊張して身体に力が入った状態では、いい音なんて出ない。

——私はできる子、私はできる子！

舞台の上で緊張しそうになったら、必ず呪文を唱えて自分を落ち着かせるのだ。あれだけ練習したんだから、きっとできる、できるはず。

「でもさ、狩野伸一郎って、美形で有名なんだよ」

「美形？」

——しまった。すごく素直に反応してしまった。

美樹が不敵に微笑む。

「最初はヌード専門のカメラマンだったんだけど、三十代半ばで何を思ったか、突然、戦場カメラマンとしてデビューしてさ。イラク戦争の戦場写真で有名になったの。テレビのバラエティー番組にも時々出てるんだけどな。知らない？」

「あのゆーっくり喋《しゃべ》る人？」

「違う違う」

記憶の底を探ると、かすかにそれらしいカメラマンの噂をどこかで見たか、読んだかしたような覚えがあるが、顔までは思い出せなかった。この写真家だったのかと、佳音は受入れ計画に視線を落とした。顔写真はないが、簡単なプロフィールがついている。関東にある芸大の写真学科を卒業し、写真スタジオに勤務した後、フリーのカメラマンとして独立。現在、四十四歳だ。音楽隊にも同じ芸大の卒業生が何人かいる。

——戦場カメラマン。

本物の戦場を見てきた人なのか。カメラマンだけど、命を失うかもしれない戦場を歩いてきた人が、自衛隊の音楽隊を取材して、撮影する。なんだかちぐはぐな印象がしないでもない。この狩野という人は、どうして音楽隊に興味を持ったのだろう。

「いいなあ、いい男にお茶出しできて。後で、どんな人だったか教えてよね！」

美樹が、佳音の背中をぽんと叩《たた》いて練習室に戻っていく。なんだか、彼女にうまく言いくるめられたようだ。

一一五〇《ヒトヒトゴウマル》、場所は二階の隊長室。

お客様は、狩野氏と出版社の担当編集者が一名。音楽隊側は、隊長、副隊長と広報担当者が一名。合計五名だから、お茶も五つ。

早めに給湯室に入り、あたふたとお茶の用意をする。ちなみにこのお茶の準備は、男性も女性も関係ない。男性自衛官がお茶を出すことだってもちろんある。巷《ちまた》の一般企業では、「男性社員がお茶を出すなんて、みっともない」という意見もあるらしいが、男性がお茶を出す手つきも涼しく凛々《りり》しいもので、ぜひ一度、一般企業の人にも見てもらいたいと思っているくらいだ。

「茶碗よし、茶托《ちゃたく》よし、お茶よし！」

——それはさておき。

ひとりで指差し点検をするのは佳音の癖だ。先ほど、広報担当の鷲尾智宏《わしおともひろ》二等空尉が隊長室に私服の男性ふたりを連れて入るのを確認した。一瞬だったので顔は見えなかったが、紺色のスーツと、カーキ色のミリタリージャケットの背中が見えた。ミリタリージャケットのほうが写真家だろう。

深呼吸をして気分を落ち着け、お盆を捧げ持って隊長室に行進開始だ。

——落ち着くのよ、佳音！　私はできる子！

くるりと踵《かかと》で回転して給湯室を出たとたん、大柄な男性の背中に激突しそうになった。

「失礼！」

あやうく取り落としかけたお盆を、素早く当の男性が支えてくれる。四角いお盆の上で、茶碗と茶托がかたかたと音をたてて揺れた。危ない、危ない。ギリギリセーフでお茶は無事のようだ。

「良かったね！」

はっとして、佳音は男に視線を移した。男子トイレから出てきたところで、佳音にぶつかりかけたらしい。

先ほど見かけたカーキ色のミリタリージャケット。着古したジーンズ。最後に相手の顔に目をやって、思わずぽかんと口を開けた。

——誰だよ、美形だとか冗談言ったのは。

もみあげから顎《あご》、口の周囲までびっしりと覆っている茶色いひげを見て、呆然《ぼうぜん》とする。顔なんて、いいのかどうかすらさっぱりわからない。なんとまあみごとなカストロひげだろうか。髪の色とひげの色、眉《まゆ》の色が綺麗《きれい》に揃《そろ》って茶色いところを見ると、生まれつきの色なのか、気合の入った洒落《しゃれ》者で全て同色に染めているかのどちらかだろう。濃い色のサングラスをかけていて、どこから見てもメキシコか中南米あたりの男性のようだ。決めた。あだ名はカルロスだ。

「いや、ごめんね！　ぼんやりしてて」

カルロス狩野はひげに隠れた唇を大きく開けて笑いかけた。愛想のいい男だ。

「大丈夫だった？　きみも音楽隊の隊員さんだよね。それ重くない？　持ってやろうか？」

笑顔とともに、たたみかけるように繰り出される質問の数々。実に軽い。イラク戦争を見てきたというのは本当か。

「お気持ちはありがたいですが、けっこうです。私の仕事ですから」

「あれっ、ひょっとして僕らに運んでくれるところなのかな、そのお茶？　わあ、すまないね。ありがとう」

狩野の歩き方は、廊下をスキップするようだ。歩き方まで軽い。だがまあ、とりあえず悪い人間ではないようだ。

「あのう、先に入ってもらえます？」

並んで歩こうとする狩野に困惑して告げた。このままでは、仲良く隊長室に肩を並べて入ることになってしまうではないか。それはいくらなんでも妙だ。彼はようやく合点《がてん》がいったようににこやかに笑みを浮かべ、つかつかと隊長室に近づいた。

「さあ、どうぞ。お嬢さん」

――だから、ドアを開けて待つなと。誰がお嬢さんだ、誰が。

頭を抱えたいが、両手はお盆でふさがっている。

「失礼します」

しかたなく、彼の脇をすり抜けて隊長室に入った。鷲尾二尉が、呆気にとられている。いや、違う。あれは「また鳴瀬か」という表情だ。いつも問題を起こすのは佳音だと思っているのだ。

「狩野さん、どうもすみませんね」

世慣れた隊長は少しも動じず、紳士的にドアを支えてくれた狩野に礼を言った。

「いいえ、どういたしまして。しかしあれですね、自衛隊の女性は美人ぞろいですね。僕も撮影しがいがありますねえ」

狩野はひげ面《づら》で豪傑笑いをしている。元ヌード専門のカメラマンだったという話を思い出し、佳音は怖気《おじけ》をふるって、手早く仕事をすませることにした。

茶碗をひっくり返すこともなく、どうにか全てのお茶を出し終わると、鷲尾二尉が早く立ち去れと言わんばかりに手を振った。客がいなければ、「しっしっ」と声に出して言ったかもしれない。言われるまでもない。こんな状況からはさっさと退散するに限る。

「失礼しました」

ぴしっと手を伸ばして頭を下げる瞬間、応接セットのテーブルの上に懐かしい色を見かけた。おや、と目を留めたのは、狩野の前にある分厚い黒革のシステム手帳と、そこに挟まれた絵葉書のせいだった。栞《しおり》がわりに使っているのか、頭三分の一ほどが手帳の上からはみ出している。

三分の一しか見えなかったが、その絵に見覚えがあった。イスラエル出身の、男性画家の版画だ。

一瞬、狩野がこちらを見たように感じた。佳音が絵葉書に目を留めたと、気がついたのかもしれない。鷲尾二尉が音楽隊についての説明を始めたので、狩野の視線もそちらに向いた。佳音は静かにドアを閉めた。

どうも、妙な客が来たものだ。


「へえ、ひげ面の戦場カメラマンねえ」

ゴリラこと渡会《わたらい》が、愉快そうに聞いている。

「今日は夕方まで庁舎の中を歩き回って撮影するって。それだけじゃないんだから。〈音楽まつり〉までのあいだ、時々来るんだって」

本当に冗談ではない、という切なる気持ちをこめて佳音が告げると、美樹がテナーサックスを抱えて吹き出した。

「いいじゃん、べつに。私たちはふだんどおりに練習したり、仕事をしていたりすればいいっていうんだから」

「まあそうなんだけどさあ」

サックスのパート練習のために、午後から二階の練習室を使わせてもらっている。パイプ椅子を並べ、集合したのはテナーサックスの美樹とバリトンサックスの斉藤《さいとう》、それにアルトサックスの渡会と佳音だ。

「だけど、音楽隊の写真集って、売れるのかな」

斉藤がふわふわのタンポポ頭を振り、苦笑している。彼の疑問ももっともだ。写真集だけではない。自衛隊や音楽隊をモチーフにした商品は、いろいろ発売されている。陸・海・空の自衛隊それぞれの制服を着せた、キューピー人形のストラップや、ウルトラマンのストラップ。音楽隊の制服を着た女の子のフィギュアなんてものも存在する。誰が買うんだろうかと首をかしげたくなるが、マニアに人気で売れているらしいから不思議なものだ。

ちなみに、自衛官は公務員なので、たとえ自衛隊をモチーフにした商品が発売され、どれだけそれに協力したとしても、自衛隊に利益は入らない。音楽隊の演奏を録音したCDだってそうだ。全部、広報活動の一環として行っている。演奏会はもちろん無料。

――せっかくだから、せめてCDくらいはいくらかでも印税をもらってリードの一枚、マウスピースのひとつでも買えばいいのに。

心の片隅で、そう思わないでもない。楽器や小物は意外と値が張るものだ。そんなことを広報の鷲尾二尉に言えば、また鳴瀬がよけいなことを、と叱られるだろうけど。

「まあそれはともかく、もう日もないことだし、練習しようよ」

美樹が珍しくまともなことを言った。

今年の〈音楽まつり〉は、十一月十八日の金曜と、十九日の土曜の二日間、二回ずつの計四回行われる。〈自衛隊音楽まつり〉と言えば、自衛隊記念日行事の一環として、毎年十一月に陸・海・空自衛隊合同で行われる、自衛隊最大の音楽イベントだ。日本武道館を借り切って、各音楽隊によるドリル演奏を行い、航空自衛隊の女性自衛官が清新な衣装に身を包んでカラーガード隊の演技を行うなど、見てよし、聴いてよしの盛りだくさんなイベントなのだ。圧巻のひとつは、全国各地の基地・駐屯地から自衛官が出場して和太鼓を演奏する〈自衛太鼓〉だろう。何百という和太鼓が、武道館の広い空間に轟《とどろ》く。

佳音たちは二時間近い公演の間、マーチングといって行進しながらの演奏になるから、体力が必要だ。毎日走り込んで鍛えた身体は伊達《だて》ではない。

佳音が楽器をかまえた時、誰かが練習室のドアをノックした。

「ごめんね、ちょっと入るよ」

広報の鷲尾二尉が顔だけ室内に覗かせた。後ろから、ひょいと片手を挙げて、ごついカメラを首に下げた狩野と編集者がついてくる。狩野はサングラスをかけたままで、陽気な笑みを浮かべている。あんなに濃い色のサングラスをかけたままで、写真の撮影なんてできるのだろうか。先ほどはちゃんと見なかったが、スーツ姿の編集者はどう見ても二十代の若者で、大きなカメラバッグをかついでいる。編集者ではなくて、ひょっとすると狩野のアシスタントなのかもしれない。

「あ、どうぞ、皆さんはそのまま続けてください。僕らこっちで勝手にやってますので、お気になさらず。静かにやりますから！」

狩野はそれだけ言うと、さっさと練習室の隅に陣取って三脚やレフ板などのセッティングを始めた。気にするなというが、こっちは気になる。

——しかたがない。こちらもプロだ。

「やるぞ」

渡会の合図で曲が始まる。楽器を吹き始めると、誰が見ていようと関係ない。音楽に神経を集中する。それでも、佳音は途中で妙なことに気がついた。狩野が三脚にカメラを固定し、レンズをこちらに向けてファインダーを覗きながら、腰を小さく振っている。曲に乗っているのだ。放っておくと、そのまま踊りだしそうな気配だった。

——やっぱりヘンなやつ。

彼も何か楽器をやっていたのだろうか。

静かにやりますという言葉どおり、佳音たちが練習するあいだ、狩野はひっそりと何枚かシャッターを切っていたようだった。ときおりシャッター音が音楽に混じったが、それすらもまるでリズムを刻むようなタイミングだった。ああ見えて、少しは気を遣っているのかもしれない。

「じゃ、今日はこんなもんかな」

二時間近くも練習しただろうか。渡会が声をかけた。携帯に電話がかかってきたらしく、鷲尾二尉が狩野に会釈《えしゃく》して練習室を出ていく。この二時間、狩野はずっとサックスパートの練習につきあっていたらしい。他の楽器は撮影しなくていいのだろうか。

「お疲れ」

「それじゃ、また」

楽譜を小脇にかかえ、楽器を首から下げてパイプ椅子を所定の位置に片付ける。その様子を見守っていた狩野が、なぜか少し慌てるのがわかった。

「あの、皆さん、ちょっとだけ時間いいかな」

「はい？」

狩野に声をかけられて、美樹がしり上がり気味に応える。美樹だって、美男子を期待していたらひげもじゃのカルロスおじさんだったので、内心ではがっかりしているのに違いない。

「もし皆さんが何か知っていたら、教えてほしいことがあって。さっき、彼女が――鳴瀬さん。鳴瀬さんですよね、あなた」

いきなり指名されて、佳音は驚いた。名前まで教えたつもりはないが、鷲尾二尉にでも聞いたのだろうか。

「えっ、はい。鳴瀬ですが」

「さっきあなた、この絵葉書を見て、びっくりしませんでしたか」

狩野がポケットから取り出したのは、先ほどシステム手帳に挟まっていた絵葉書だった。やはり気づいていたらしい。性格は軽いが、目ざとい男だ。

佳音はしぶしぶ頷《うなず》いた。

「見たことのある絵だなと思って」

狩野の表情が、ぱっと明るく輝いた。とはいっても、ひげに覆われて表情も顔立ちもわかりにくい顔ではあったが。

「どんなことでもいいんです。この絵について知っていることを教えてほしいんです。この絵には楽譜が描かれていて、音楽に縁の深い絵のようなんです。皆さんなら、何かわかるんじゃないかと思って」

佳音のためらいを感じ取ったのか、代わりに狩野に近づいていき、絵葉書を受け取った美樹が、その絵を眺めた。渡会や斉藤にも見せたが、彼らは一瞥《いちべつ》しただけで首を横に振った。美術の展覧会には縁がなさそうなふたりだ。

「私にはさっぱりわかりませんね。見たこともない絵だし。佳音、何か知ってるの？」

「作者はレイモン・グルダ。イスラエル生まれの画家なんだよね。その絵は彼の代表作のひとつで、タイトルは確か『ファ』」

「『ファ』？」

美樹が呆《あき》れたように眉をひそめる。その絵がシリーズものの版画で、「ド」から「シ」まで七枚揃って制作されたことを教えたら、なんと言うだろうか。彼女のことだから、きっとタイトルを考えるのが面倒だったのね、くらいの嫌みは言うだろう。

「グルダは子どもの頃からフルートを習っていて、美術の道に進む前は音楽家になりたかったんだって。抽象画を描くようになってからは、絵の中に楽譜の一部や演奏表記を描きこむ作品が多いそうよ」

佳音が説明すると、美樹が目を丸くした。

「詳しいわね、佳音」

「うちの母が、その画家の絵が好きでうちに飾ってあるの。ポスターだけど」

グルダのシルクスクリーンやエッチングなんて何十万円もするものには、さすがに手が出ない。青森にいる佳音の母は、印刷したポスターを額縁に入れて、たいせつに居間に飾っている。美術品を投資や投機の対象にするならともかく、ただ美しいものを身近に置いて眺めたいだけなら、ポスターや絵葉書でも充分だ。もちろん、本物を手元に置きたいという所有欲もあるだろうが。

「狩野さん、この絵葉書がどうかしたんですか?」

美樹の質問に、狩野は表情を曇らせ、話すべきかどうか迷っているように見えた。第一印象ではずいぶん軽薄な男のように見えたけれど、意外とそうでもないのかもしれない。

「少し長い話になるんだけど、いいかな」

狩野の言葉が終わらないうちに、練習室のドアが開いて鷲尾二尉が顔を出した。練習室の雰囲気が、さっきと全然違うことに気がついたようだ。

「どうかしました?」

「少し彼らと話をしてもいいでしょうか」

狩野が佳音たちを示した。

「教えてもらいたいことがあって」

「その絵葉書は、大学時代の親友がイラクから送ってきたものなんです」

狩野が葉書を裏返すと、そこには宛先の狩野の住所・氏名と、送り主の名前だけが書かれていた。メッセージなどはひとことも書かれていない。

「三崎祐輔《みさきゆうすけ》」

佳音はそっと送り主の名前を声に出して読みあげた。消印はバグダッド、二〇〇三年の三月十九日。八年も前だ。

宛名の文字は角ばっていて、サイズがきっちり揃っている。几帳面な人なんだろう。

「三崎の奴は、湾岸戦争の頃から戦場カメラマンとして名を馳《は》せていたんですよ。僕と違って硬派でね。なにしろ二十歳そこそこで、戦地に飛び出していった男ですからね」

狩野と三崎が同年代だったのなら、その当時狩野はヌードを撮影していたはずだ。確かにずいぶんな違いだ。

「二〇〇三年というと、イラク戦争が始まった年ですね」

パイプ椅子を円形に並べ直し、思い思いの席に陣取って狩野の説明を聞いている。絵にはさっぱり関心がなさそうな渡会と斉藤も、イラク戦争の話題が出ると、急に興味を持った様子だ。鷲尾二尉の指摘に、狩野が頷いた。

「そうです。三月二十日に戦争が始まったと言われていますす」

さすがに鷲尾はよく記憶している。イラク戦争はもっと最近起きたのではなかったかと、佳音は一瞬考えこんだが、長期化したために勘違いしただけのようだ。

「そんな大変な時期に、バグダッドに」

鷲尾の声が曇ったのは、彼自身も何年か前に、イラクの隣国クウェートに派遣された経験を持つからだ。「イラク特措法」と短縮して呼ばれる法律のもとで、陸上自衛隊はイラク、航空自衛隊はクウェートに派遣された。航空自衛隊は二〇〇八年までイラクへの物資の輸送業務に携わっていたのだ。

狩野は、自分の手に戻った絵葉書に視線を落とした。愛《いと》しいものを見る、柔らかなまなざしだった。八年も前に出された葉書なのに、大事に扱っていたようで今でも綺麗だ。

葉書を握る狩野の左手を見て、薬指に指輪がないことに気がついた。結婚していないのだろうか。意外な感じだ。ヌードを撮影するというイメージも手伝って、てっきり女たらしだと思っていた。それとも逆だろうか。女にだらしないので、結婚しないのかも。もっとも、指輪をしていないから未婚だと決めつけるのも早計かもしれない。

「彼はこの葉書を僕に送り、開戦後すぐに行方不明になりました。フリーのカメラマンで同行者もなく、撮影すると言って、ホテルを出てそのまま戻らなかったそうです」

しばらく誰も何も言わなかった。イラク戦争は、ジャーナリストの死者が飛び抜けて多い近代戦と言われている。戦闘やテロに巻き込まれた者も多いが、それだけではない。反米勢力が、ジャーナリストを米国政府や西側諸国に協力する者と見なし、ゲリラ活動の標的にしたのだ。

日本人ジャーナリストでは、橋田信介《はしだしんすけ》という著名な報道カメラマンが反政府ゲリラに拐ともども殺害される事件が発生した。日本人のボランティアスタッフを狙《ねら》った誘拐事件も起きて、その対応をめぐって国内でも論議を呼んだものだ。

「三崎が姿を消したことは日本でも報道されたので、皆さんご存じかもしれませんね。彼は殺されたのだろうというのが、大使館や現地警察などの見解でした。バグダッドではゲリラによる爆弾事件も多かったし、爆撃だってあった。パスポートは、ホテルの部屋から見つかったそうです。遺体は見つかりました。身につけておくべきだけど、彼は面倒くさがって残していったのかもしれない。遺体は見つからず、犯行を示す証拠もなかった。ご存じかもしれませんが、僕は当時、ヌード専門のカメラマンをやっていたんです。だけど、葉書一枚残して、三崎の奴が姿を消したと聞いて、いてもたってもいられなくなって――」

それで三十代半ばになって突然、報道カメラマンに転身したのか。パイプ椅子の上で、どこか寂しげにうつむいている狩野の横顔を、佳音は見つめた。サングラスやひげで隠れてはいるが、横顔のラインなど見ていると、確かにこの男はずいぶん整った顔立ちをしているようだ。

「無謀にもバグダッドに飛び込んでいったものの、三崎の消息は得られなかった。僕は二〇〇三年から一年くらい現地にいたけど、だんだん周囲がきなくさくなってきて。身の危険を感じるようになったので、日本に逃げ帰ってきたんですよ。情けない話ですけど」

日本人の誘拐事件が起きたのは二〇〇四年だ。情けないというより、狩野は機敏に行動したのかもしれない。

「帰ってからは、僕も仕事が忙しくなってしまってね。三崎が行方不明になってから、あっという間に去年で丸七年ですよ。彼はまだ結婚してなくてね。ご両親が、そろそろ失踪《しっそう》宣告の手続きをして、彼のお墓を作ってやろうと思うと、先日知らせてくれたんです。僕が彼を捜してイラクに行ったこと、ご存じだったんですよね」

そうか、と佳音は合点がいった。

誰かが行方不明になった時、七年経っても行方がわからなければ、家庭裁判所に申請して、失踪宣告を受けることができる。たとえばそれで、財産の相続手続きや生命保険の受給申請をすることができるのだ。

「僕にはどうしようもないことなんだけど、なんだかひどく残念で、寂しくてね。彼が僕に絵葉書を送った意図を知らなければ、一歩も前に進めないような気がして」

「それで、葉書のことを調べようと？」

美樹が尋ねる。何だろう、と佳音はひそかに考えていた。狩野の言葉には不思議と罪悪感が見えかくれする。

「そうなんです。たったひとことも奴は書かなかった。たとえばそれが、観光地でよく売っているような、現地の観光写真ならまだわかりますよ。ここに来ている、という意味かなと思いますからね。バグダッドは開戦前の慌ただしい空気に包まれていたはずです。これから戦地になるという場所から、戦場カメラマンとして名を馳せた男が、わざわざ版画を印刷した絵葉書を送ってきた。それが、今でも僕には腑《ふ》に落ちないんです」

ひょっとすると、単に忙しくてメッセージを書く暇がなかっただけかもしれない。ただ自分がバグダッドで元気にしていると、それだけ伝えれば気がすんだのかも。

しかし、たったひとこと書く時間も取れないほど忙しい人間にしては、宛名の手書き文字は丁寧にしたためられている。三崎というカメラマンは、確信的に何も書かなかったのだ。意図があって、あの絵を見せたかった。あの絵を見た狩野が真意を読みとってくれると考えていたのだ。

「お願いします」

誠意を表したいと思ったのか、狩野がふいにサングラスをむしり取った。凛々しい眉と、切れ長の澄んだ茶色い目が露《あら》わになった。四十代半ばだというが、ずいぶん若々しい目元だった。

「この絵にこめられたメッセージの謎を、僕は読み解きたいんです。助けると思って、手伝ってもらえませんか」

――わ、これはいけない。

佳音は反射的に首をすくめた。隣に座った美樹が、ばしんと音が出るくらい、自分の胸を手のひらでたたいた。こっそり横目で様子を窺《うかが》うと、好奇心で瞳がきらきらと輝いている。

「わかりました！　任せてください。航空中央音楽隊の安楽椅子名探偵《アームチエアディテクテイブ》とは我々のことです。大船に乗った気分で待っててください」

美樹のやつ、なんという戯言《たわごと》を口走るのだろう。いくらゴシップが大好きで、謎解きが三度のメシより好物だとは言っても、限度がある。鷲尾二尉が、とっさに対応しかねて固まっている。

「もちろん、これは自衛隊の業務とは無関係に、あくまでプライベートとして協力させていただきます。ね、鷲尾さん。戦地で戦った仲間が困っているのに、手助けしないなんて良くないですよ」

誰が戦地の仲間だ、誰が。鷲尾二尉はともかくとして、美樹も佳音もイラクには派遣されていないし。思わず突っ込みたくなったが、美樹はすっかりやる気満々だった。

「ありがとう！」

機を見るに敏《びん》な狩野が、すかさず美樹の手を握りしめた。

「きっとそう言ってもらえると信じていました！　助かった！　よろしくお願いします」

――やれやれ、話は出来上がってしまったようだ。


「で、結局、私たちが、またしても謎を解明しなきゃならないってわけっすね」

隣に座った真弓《まゆみ》クンが、経緯を聞くやいたって簡潔にまとめると、ジョッキを持ち上げて生ビール中ジョッキのお代わりを頼んだ。カウンターの中で焼き鳥の串をひっくり返している店の大将が、威勢のいい声でオーダーを通した。肉とあぶらの焼ける匂いが、たちこめる煙とともにぷんと鼻腔《びこう》をくすぐる。

来週ならボジョレー・ヌーボーが解禁になっているので、美樹あたりが喜んで飲むところだが、残念ながらまだメニューにも載っていない。

「真弓クン、あんたこの頃飲みすぎじゃないの？　いつの間に五杯も飲んだのよ」

「大丈夫っすよ、鳴瀬さん。五杯でも六杯でも、どんと来いっす！」

景気のいい発言だが、宝塚の男役みたいな真弓クンの顔は、すっかり真っ赤で箕面《みのお》の猿にも似てきている。箕面の滝で有名な大阪・箕面市に生息し、あつかましくも人間の食べ物を横取りするというニホンザルだ。だいたい、言葉遣いからして既におかしい。正面に座った安西夫人が、盛大なため息をついた。これ以上は飲ませるなという合図のようだ。

——しまった、安西夫人が近ごろ機嫌が悪いのを忘れていた。

立川駅を商業施設のルミネ側に出て、少し歩いた場所にある焼き鳥の店に、今夜は集合していた。狩野に頼まれてから数日経ってしまったが、明日は演奏会のない土曜日。こんな日でもないと揃って飲みに行けないので、内務班に住む独身者は外出届けを出し、いつものメンバー——安西夫人、美樹、真弓クンに佳音——に加えて、話の成り行き上、鷲尾二尉と渡会、斉藤、それになぜか諸鹿《もろが》三尉まで参加している。鷲尾二尉が誘ったらしい。

「ああっ、タレでテリッテリッに輝くようなこのレバー、うまそう！　ほら見なさいよ、佳音！」

美樹がてきぱきと注文し、運ばれてきた焼き鳥とサイドメニューを見るなり目を輝かせている。

「こっちのハツとタンだって美味《おい》しいわよ」

佳音は澄まして自分の前にある皿を示した。なにしろ、今夜は諸鹿三尉が同席している。あまりに品のない真似はできないのだ。

「いやいや、やっぱり和牛ハラミっすよ」

「なにぜいたく言ってんのよ、あんたは！　若者はシロとテッポでも食べてなさい！」

「ひどい、美樹先輩、腸ばっかりとか食えねっすよ！」

とりあえずビールを飲みながら、女子三名のいつもの大騒ぎをどうしようもないという目つきで眺めていた男たちと安西夫人は、喧騒《けんそう》をよそに謎解きに取りかかろうとしていた。

「なるほど。これが問題の絵葉書ですか」

諸鹿三尉が、チャックつきのビニール袋に入った絵葉書を観察している。昼間の狩野の話を聞いていない諸鹿三尉と安西夫人に、鷲尾二尉が最初から説明していたのだ。

「どう見ても、ただの絵葉書だね。圧着葉書ではないし、二枚を貼り合わせて内部に何かを隠したようでもない」

諸鹿三尉が丹念に袋の上から葉書に触れて、そう結論を出した。佳音はタンの串にかぶりつきながら、目を丸くした。

「あの、圧着葉書って何ですか」

「普通の葉書だと、配送の途中で読まれてしまうだろう。銀行の口座番号や残高とか、他人に見られたくないものを印刷するために、二枚の紙をシールで貼り合わせた特殊な葉書があるんだ。シールをはがすと中身は読めるけど、開いて読んだ形跡がはっきり残るんだよ」

「あっ、私も通販の会社から受け取ったことがあります！」

美樹が手を挙げた。

「その狩野という写真家は、葉書にメッセージが書かれていなかったという点を問題にしている。まずはそれが正しいかどうかを調べるのが先決だな」

「どういうことですか」

端にいた渡会が口を挟んだ。彼は負けず嫌いだから、さっさと論理的思考を積み重ねていく諸鹿三尉に、ちょっとしたライバル意識を持ったのかもしれない。

「たとえば、あぶり出しなんて技法もある。僕らが子どもの頃には、ミカンの汁で書いた文字をあぶり出したりして遊んだが、今はインビジブルインクという、それ専用のインクも売り出されているんだ」

諸鹿三尉の説明によれば、果物の汁を使うとあぶり出し以前に果汁の痕《あと》が残るが、専用インクなら痕が残らない。あぶり出すまで何が書かれているのかわからないそうだ。

テーブルに、もつ鍋用のガスコンロが出ている。コンロに火をつけると、諸鹿三尉は葉書が燃えないように適当に距離を置きながら、温めはじめた。

「温めるとインクの色が青く浮かびあがるんだ。一度浮かびあがっても、冷やすとまた消える。焦げるほど火に近づけると、書かれた文字が定着してしまうからね」

そんな説明をしているところを見ると、諸鹿三尉はきっとそのインクを使ってみたことがあるのだろう。どんなシチュエーションで使ったのか想像するとドキドキするが、あいかわらず侮《あなど》れない人だ。

「どうやらインビジブルインクでもない、と」

いつまでたっても何の文字も現れない葉書を見て、諸鹿三尉がコンロの火を止めた。

「そういえば、そんな名前の歌があるっすね！　アニソンですけど――『インビジブル・メッセージ』って」

真弓クンが、鼻声で意外な知識を披露する。

「まさに『見えないメッセージ』だね」

諸鹿三尉がにっこり笑った。

「ということは、狩野氏の言葉どおり、この絵そのものに何かのメッセージがこめられているわけかな」

みんなの視線が葉書に集中する。

レイモン・グルダの『ファ』。まず目に入るのは、暖かい朱色だ。絵の上から三分の二ほどは、濃淡のついた夕焼けのような色彩で占められている。残りの三分の一は、赤銅《しやくどう》色《いろ》に近い茶色。グルダの作風を特徴づけるのは、コラージュだ。エッチングやシルクスクリーンをベースに、写真や楽譜の一部を貼り付けたり、水彩やパステルで重ねて描いたり。実に複雑で、謎めいている。使われた楽譜や、切り貼りされた画像の意味を考えるのも楽しい。

「この絵はいったい、何を描いたんですかね？　自分には全然わかりません」

渡会が正直すぎる感想を述べて首をかしげた。諸鹿三尉が微笑む。

「うん。僕にもわからない。だけど、綺麗だな。この画家にとって、『ファ』という音はこんなに暖かな色をしているんだね」

そういわれて、佳音もあらためて版画に視線を落とした。音を色彩で表現する、という感覚が自分にはない。曲を聴いて、たとえばおおらかでのびのびとした気分になったり、燃えるような激しい感情に満たされたりすることはあるけれど、この絵は「ファ」という音階を色で表しているのだ。

「音を聴いたり、数字を見たりすると、そこに色が見える人がいるって。前にテレビで見たことがあるっすよ」

真弓クンがしゃっくりしながら告げた。この子はもうべろんべろんに酔っている。この様子だと、最後は基地までかついで帰ることになりかねない。これ以上は飲ませないようにしよう、と佳音は心に決めた。

「共感覚のことだね」

諸鹿三尉が涼やかに応じる。

「何ですか、それ」

「シナスタジアという、特殊な知覚を持つ人がいるんだ。僕らは、音を聴覚でとらえる。ところが共感覚を持つ人は、聴覚だけでなく視覚でもとらえるんだ。音を聴くと、色彩を思い浮かべるんだよ。音だけじゃなく、長澤《ながさわ》さんが言ったように、文字や数字を見て頭の中で色を感じたり、人の性格に色を見たりする人もいる。ほら、他人のオーラが見えると言う人がいるだろう。あれも一種の共感覚かもしれないね」

「この画家さんは、その共感覚を持っていたんでしょうか」

美樹が絵葉書を見つめながら尋ねた。

「それはわからない。ただ、音に対するイメージを絵にしただけかもしれないし」

全員が、ううむと心の中で唸って考えこむのがわかった。これは手ごわい。抽象的な版画にこめられた意味そのものが理解できない上に、それを狩野に送りつけた当の相手は、八年も前に行方不明――おそらくはもう亡くなっている。

「彼は八年間も考え続けたんでしょう」

安西夫人が、淡々とした声で口を挟んだ。

「行方不明になった人と親しかった人が、そんなに長いあいだ考え続けたのに、わからなかったのよ。私たちがちょっとやそっと考えたぐらいで、何かがわかったりするはずがないわ」

このところ、妙につっけんどんだったり、口調が厳しかったりする安西夫人にしては、奇妙なくらい穏やかな声だった。

「そうかもしれないね」

諸鹿三尉が鷹揚《おうよう》に頷いた。

「そう言えば、あの狩野って人」

美樹が思い出したように周囲を見回した。

「テレビで見た時と、別人みたいになっていてびっくりしちゃった。最近はあまりテレビにも出なくなってるけど、去年あたりはよく露出していましたよね」

「別人みたい？」

「ええ。テレビに出ていた頃は、あんなにひげもじゃではなかったですよ。クールな感じでかっこ良かったのになあ」

「おまえなあ、旦那に言いつけるぞ！」

「いいじゃん、浮気してるわけでもあるまいし！」

渡会のツッコミに美樹が唇を尖《とが》らせた。

「それはともかく、吉川さんがあんなに大口をたたいて引き受けたんだから、こちらも手掛かりになるようなことぐらいは、見つけておかないとまずいんじゃないか」

鷲尾二尉が、背筋をぴんと伸ばしてビールをぐいぐい飲みながら眉をひそめている。彼の言うとおりだ。美樹のあの大言壮語《たいげんそうご》ときたら。「大船に乗った気分で」ときたものだ。

「それじゃ、ヒントぐらいは見つけてみようか。みんな、『ファ』と聞いて思いつくことは？」

諸鹿三尉が尋ねると、美樹が鞄から手帳を取り出し、メモの準備を始めた。こういう心掛けは悪くないのだが。

「はい！『ファはファイトのファ』」

いきなり渡会が手を挙げて、『ドレミの歌』の一節を棒読みした。隣の席から、斉藤が「それでも音大出身か」とからかっている。

「ファイトは悪くないね。他には？」

「ドレミファって、聖歌の歌詞から取ったんですよね、確か」

佳音も負けじと考える。何の曲だったか忘れてしまったが、そんなことを大学の講義で聞いた記憶がある。

「ちょっと待って」

諸鹿三尉が即座にお気に入りのスマートフォンを取り出し、調べ始める。

「ドレミファが取られたのは、『バプテスマのヨハネ賛歌』だ。ラテン語の歌詞の、一節の頭を取ったんだそうだ。ファにあたる節の歌詞を翻訳すると、『汝《なんじ》のしもべ』という意味になるらしいね」

汝のしもべ？　と佳音は首をひねった。意味ありげではあるが、三崎がそんなメッセージを狩野に対して送ったりするだろうか。

「わかった！　ふたりはボーイズラブな関係だったんすよ！　三崎さんは、イラクで身の危険を感じて狩野さんへの愛情表現として葉書を送ったっす」

「よしなさいってば、真弓クン！」

慌てて止めた佳音の努力もむなしく、真弓クンがレッドチェリーのような顔をして、よけいなことを口走った。安西夫人が氷河のように冷たく睨む。

「あら、今夜はずいぶん飲みすぎたようね。真弓クン？」

真弓クンの顔から血の気が引く音が聞こえるようだ。ご愁傷様、と佳音は自分のジョッキを摑《つか》んで目を閉じた。だから言わないことじゃない。このところ、安西夫人の機嫌の悪さときたら――。せめて明日から、真弓クンの無事を祈ってやろう。

「解釈はともかく、三崎さんは戦場カメラマンだったんだろう。音楽にも詳しかった可能性はあるけど、ヨハネ賛歌の歌詞にまで精通していた可能性は低いんじゃないか」

鷲尾二尉が、しごくもっともな意見を述べた。

「いいんじゃないですか、鷲尾さん。思いつく限りのいろんな解釈を書きとめて、狩野さんに渡せばいい。実際、狩野さんでなければ、それが正しいかどうかも判断できないんですから」

諸鹿三尉が口を添えてくれる。

「そうだ！『ファ』というタイトルじゃなく、絵の中に描かれているものがメッセージだったりしませんか」

今度は美樹が闘志満々に発言した。

「ほら、ここに楽譜の一部が書きこまれてますよね。裏返しになってますけど」

「縮小されすぎていて、よくわからないな」

おそらく原画のサイズは新聞紙を広げたくらいにはなるはずだ。葉書大にまで縮小されると、細かいところは読みとれない。

「楽譜か。何の曲の楽譜かがわかれば、それもひとつのメッセージでありうるな。もう少し大きなサイズの画像があればいいんだが」

「それなら」

実家にはグルダの画集があるはずだ。佳音の母親は、彼の絵が気に入って、絵葉書や画集、ポスターなど手軽に買えるものを集めていた。そう佳音が言いかけた、とき。

がたん、という大きな音がした。ぎょっとして隣の席を見ると、真弓クンがいない。

「真弓クン！」

「長澤！　大丈夫か」

椅子ごと後ろにひっくり返って気絶している彼女を見て、佳音は慌てて立ち上がった。いくらなんでも飲みすぎだ。

水をもらうために、諸鹿三尉がカウンターに向かった。

「おまえが諸鹿さんにばっかり見とれてるからだよ」

真弓クンを介抱しながら、渡会が佳音にだけ聞こえるようにぼそりと呟《つぶや》く。不機嫌そうな低い声だった。

「はあ？　何それ」

「ちゃんと後輩の面倒を見てやれよ」

「私が悪いっての？」

何が諸鹿さんにばかり見とれている、だ。確かに今夜の諸鹿三尉は、てきぱきと見事に要点を整理してくれてかっこ良かったが、そんなに自分は諸鹿三尉のことばかり見ていただろうか。

だいたい、どうして渡会などにそんな指摘を受けなければいけないのだ。

結局この日は、絵葉書の解釈も中途半端なまま、ぶっ倒れた真弓クンをみんなでかついでタクシーに乗せ、分屯《ぶんとん》基地に帰る安西夫人と佳音で連れて戻ることになった。美樹は国《くに》立《たち》の官舎に住んでいるし、渡会たちも心配して一緒に戻ると申し出てくれたが、タクシーに四人以上乗ると窮屈だ。それに、彼らは女性の部屋まで入れない。

「大丈夫。私たちでちゃんと連れて帰りますから」

安西夫人がきっぱりと言って、彼らのつき添いを断ると、さっさと助手席に乗り込んだ。佳音に後ろに乗れということらしい。立川駅から分屯基地まで、車ならそれほど遠くはない。走り始めると、あっという間に着いてしまう。

すやすや眠っている真弓クンを叩き起こし、肩につかまらせて歩かせながら、陸上自衛隊の自衛官が警備している正門を通過した。自力で歩いてくれて助かった。

「まったく、本当におせっかいな人たちよね」

門をくぐったとたん、安西夫人が冷たく言い放ったので、佳音はドキリとした。

「え――狩野さんの件ですか」

「そう。他人のことに、あんまり口を挟むのもどうかと思うわ」

美樹が悪ノリして、つい余計なことを引き受けたのは確かだ。でも――。

「狩野さんから真剣に頼まれたんです。メッセージの謎を読み解きたいって」

助けると思って、とサングラスをむしり取った時の、狩野の必死の表情を、安西夫人は見ていない。だから温度差があるのだろう。

「本人にしかわからないことだってあるのよ、鳴瀬さん」

安西夫人が、ふうと長い吐息をついた。


週が明けると、金曜日と土曜が〈自衛隊音楽まつり〉の本番だ。カラーガード隊を含めてのマーチングなど、練習にも気合が入る。

絵葉書を預けたきり、狩野は姿を見せなかった。他の仕事が忙しいのかもしれない。それにしても、あれだけ必死に頼み込んでおいて、結果を聞きにも来ないなんて、考えようによっては失礼だ。

とはいえ、〈音楽まつり〉の訓練に集中していて、佳音も絵葉書の件から心が離れかけていた。だから、ずっしりと重い小包が計画班の佳音の席に届いた時には、何ごとかと驚いた。青森の実家からだ。

「グルダの画集——！」

すっかり忘れていたが、飲み会の翌日に母に電話をかけて、画集を見せてもらえないかと頼んでおいたのだった。『ファ』のページだけをカラーコピーして送ってもらっても良かったが、コピーするとどうしても細かい部分がつぶれてしまう。

「それが例の画家の？」

隣の席の美樹が覗きこんできた。

開いていくと、『ファ』のページはすぐにわかった。グルダの版画はシリーズものが多く、『ドレミファ』であったり『春夏秋冬』であったり、何枚かの絵が組になっている。見開き二ページにわたる『ファ』を広げ、佳音は絵に見入った。

「絵葉書とは、ずいぶん迫力が違うね」

美樹もそんな感想を呟いて、じっと絵を見つめている。これでも原画の半分くらいのサイズに縮小されているのだ。

楽譜は五か所にわたって描かれていた。コラージュではなく、ペンで書きこまれている。

美樹が指摘したように、左右反転した画像だ。オタマジャクシが逆を向いている。

「これ、何の曲かな」

実際に存在する曲の一部ではなく、絵画的な効果を狙ったでたらめという可能性もゼロではない。それでも、念のために佳音は五つの楽譜を、ひとつずつ丁寧に正しい向きに書き直してみた。

「ショパンの曲に、こんなフレーズがあったような気もするけど――」

子どもの頃にピアノを習っていた美樹が、自信なさげに首をかしげる。佳音も小さく口ずさんでみたが、ひとつひとつの楽譜が短いせいもあって、曲目までは特定できそうにない。

ヒントが隠されていないかと、すがるような気持ちで画集をぱらぱらとめくってみた。『ドレミファ』のシリーズも一枚ずつ眺めてみたが、ひとつずつの音が、ずいぶん異なる色彩と印象で描かれていることに驚く。『ラ』は群青色や藍《あい》色の複雑な濃淡と点在する白が、ゆらゆら揺れる波間とひんやりした海底の貝殻を思わせ、『ミ』は輝く稲穂のような黄金色と、湿り気を帯びた黒に近い茶色のグラデーションが、収穫を前にした秋の大地のようにどっしりと落ち着いたイメージを与える。

「こうして見ると、『ファ』はこの中でも一枚だけ、飛び抜けて暖かい色をしてるよね」

あでやかで暖かな朱色に、葉書ではよくわからなかった金色に近い黄土色が混じる。色味も『ミ』よりずっと複雑だった。それにしても、見る者に温かみを感じさせる絵だ。季節は秋に違いない。日差しは夏のようにひりひりと尖っていなくて、まろやかだ。縁側に腰掛けて、ほっこりとするような、そんな体感温度。

自分には音を聴いて色を想像する才能はないけれど、この絵を見ると音楽が浮かぶ。夕映えの色を映した湖畔にボートを浮かべて、モーツァルトのフルート四重奏曲でも聴いているようなイメージが湧《わ》いた。きっと上品で典雅な第四番だ。学生時代の課題以外に、まだちゃんとした曲を書いたことはないのだが、この絵をモチーフにすれば、一曲作れそうだ。

真弓クンは、酔っぱらった勢いで、この絵が三崎から狩野への愛情表現だと言ったけれど、あながち間違いではないかもしれない。そんなことを思うくらい、グルダの『ファ』は深くてしみじみとした愛を歌い上げていた。

「それがグルダの画集？」

ふいに安西夫人の声が降ってきて、佳音は振り向いた。腕組みした安西夫人が、いつの間にか背後に立ち、『ファ』のページを見つめている。なぜか表情が厳しいようだ。

「『ファ』って、音階シリーズの中でも一番愛情に満ちた絵ですよね」

佳音の言葉に、美樹が頷く。安西夫人が、無言のまま突然くるりと背を向けて、計画班の席から立ち去った。

「どうしたんだろ、夫人？」

佳音の問いには答えず、美樹が眉間に皺《しわ》を寄せた。

「夫人いま、涙ぐんでたみたい」

えっ、と絶句したまま、佳音は途方に暮れて安西夫人がいたあたりを見つめた。何か、自分は何かよけいなことを言っただろうか。

「いたいた」

ふいに、総務の席から声をかけられた。鷲尾二尉がメモを手に摑んでこちらに向かってくる。

「今週末なんだけど」

「はい？」

「狩野さん、土曜日に〈音楽まつり〉の見学に来るそうだから。午前の部で舞台裏を撮影して、午後はステージを撮影するって」

「それじゃ」

「この前みんなで出し合った解釈、彼に渡せるようにまとめておいてくれよ。結論は出てないけど、考えてみれば無理ないよな。僕らは彼らの関係をよく知らないんだから。その絵も、カラーコピーして渡してあげるといいんじゃないかな」

佳音のデスクに置かれた、大判の画集に視線をやった。何かの参考にはなるかもしれない。

「鳴瀬さん、忘れ物ないわね！」

「大丈夫です！」

安西夫人と隊舎の階段を駆け降りていく。日本武道館で開催される〈音楽まつり〉の二日目とあって、早朝から一分《いちぶ》の隙《すき》もない化粧をほどこした安西夫人の肌は、つややかに輝くようだ。

――う、お化粧のしかた、教えてほしい。

何度か頼もうとしたこともあるが、肌そのものが根本的に違うのかも、とそのたびに気がくじけている。今日の夫人には、絵葉書についてみんなが憶測を並べた時に見せた苛立《いらだ》ちや、グルダの画集を見て浮かべた涙の痕跡など、どこにも見られなかった。このところ、なぜか不安定な一面を覗かせていたが、いざ本番が始まれば、すっかりいつもの彼女だ。

――プロだなあ。

感心しながら、楽器や着替えを抱えてバスに乗り込む。安西夫人は、さっさと腰を下ろしている。

画集を見て涙ぐんでいた、と美樹に聞かされてから、気になってそれとなく尋ねてみようとしたのだが、夫人はどうやらその話題を避けているらしい。とりつく島もない。

昨日、〈音楽まつり〉の初日が順調に幕を開けた。立川の音楽隊庁舎から、九段下《くだんした》の武道館まで専用のバスで通う。大型の楽器やスピーカーなどの機材は武道館にセットして、手で持ち運べる楽器は自分たちで移動させる。

二日目の今日は、いよいよ狩野が撮影に来る土曜日だ。彼に渡すためのメモなどは、美樹がぶうぶう文句を言いながらもそろえてくれた。言い出しっぺの責任を取ったというところだ。

今朝からしとしとと陰気な雨が降り続けている。武道館前には抽選に当たった観客が並んでいるだろう。この雨の中、傘をさして待つのも大変だ。

〈音楽まつり〉が終わると、今度はクリスマスコンサート。そして来年の三月には、航空中央音楽隊の五十周年記念演奏会が開催される。秋から春にかけて、気を抜く暇もないスケジュールだ。

「あ、来てる」

バスを降りてバックステージに向かうと、狩野が入り口で待っていた。足元に置かれた大きな鞄には、カメラやレンズが入っているのだろう。

「おはようございます」

鷲尾二尉と挨拶を交わしている姿を横目で確認し、まずはこちらも演奏会の準備だ。いくつかある女子用の小さな控室のひとつで演奏服に着替えて、楽器を用意する。

「これ、ネットで見つけたんだけど」

先に着替えをすませた美樹が、携帯電話の画面をこちらに見せた。

「狩野さんがテレビに出ていた時の写真」

「えっ、なにこれ。すごい」

佳音はとっさに携帯に目を近づけた。なにぶん画面が小さいので見にくいが、韓流スターだと言われても信じこんだかもしれないほど、端整な容貌が映っていた。わずかに憂いを帯びていて、それがまた独特のムードを醸《かも》し出している。

「ね、イイ男でしょ。なんであんなうさんくさいひげで隠してるのかね」

「さあ。有名人だから、とか？」

「まさか。いまどき、アイドルでもあそこまで顔を隠したりしないでしょ」

隠しているという美樹の発想に、なんとなく引っかかるものを感じた。

あの男は何かを隠している。

控室を出ると、廊下には陸・海・空の音楽隊や、太鼓の演技を行う自衛隊員、それに在日米軍の音楽隊などのメンバーが行き交っている。その中に、狩野のひげもじゃの顔を見つけた。今日も、しっかりとサングラスをかけている。がっちりとした大きなカメラに、まるでバズーカ砲並みの長さを持つ望遠レンズをつけ、〝獲物〟を狙っている。狙撃手のようだ。

佳音は、彼のレンズの先を追った。控室の扉がひとつ開いている。着替えをすませた音楽隊員たちが、開演までの短い時間を待機しながら談笑している。

その中に、ひとつの横顔を見つけた。

——ああ。

突然、何もかも謎が解けた。

急いで鷲尾二尉を捜す。彼は広報の担当だから、一日忙しく動きまわっているはずだ。

「鷲尾さん！」

「どうした、鳴瀬」

入り口近くで来客に渡すＩＤカードを整理している鷲尾が振り向いた。

「教えてほしいんです。この前、狩野さんが庁舎に来た時、撮影したのはどのパートですか？」

突然の質問に面食らったようだが、鷲尾は当日のことを思い出しながら答えてくれた。

「君らのサックスと、後はクラリネットとパーカッションかな。それがどうかしたの」

「いえ、いいんです。ありがとうございました！　あ、後で私たちの控室に来てほしい人がいるんです。十分後に来てほしいと伝えてもらえますか」

「おいおい、開演時間を忘れるなよ」

やっぱりだ、と心の中で呟きながら、鷲尾にメモを渡してその場を離れた。開演まで、残り四十分を切っている。美樹を捜し、彼女の準備が整っているのを確認して、腕を引っ張った。

「例のメモ、今から狩野さんに渡したいの」

「えっ、そりゃいつでも渡せるように用意してあるけど、どうしたの？」

美樹の狼狽《ろうばい》を無視して、つかつかと控室の廊下にいた狩野に近づいた。ファインダーから目を離し、こちらを振り向いた狩野が、例の軽そうな笑みを浮かべた。絵葉書のことなど忘れたような朗らかさだ。

「なんだあ、君たち！　サックスの彼女たちじゃないか。今日は頑張ってね。楽しみにしてるから」

「狩野さん、今から少しお時間いただけますか？」

開演時刻を気にして慌てる美樹をよそに、佳音はきっぱりと狩野に告げた。

「お願いします。例の絵葉書の件、今からお話ししたいんです」

——全然時間がない。こんなことをやっている場合ではない。

心の中ではそう叫ぶ自分がいるが、この件を片付けてしまわなければ、落ち着いて今日の演奏会に臨むことができない自分もいる。

「ちょっと、佳音。ここ女子用の控室なのに！」

狩野を控室に招じ入れると、美樹が慌てて引きとめようとした。

「いいじゃん、どうせ美樹と私、真弓クン、河上《かわかみ》さんの四人用なんだから」

真弓クンとクラリネットの河上さんは、とっくに着替えをすませて出ていった。だから、しばらくここに入ってくる人はいない。先ほど鷲尾二尉に伝言を頼んだ人以外は。それに、できれば男性陣には聞かせたくない話なのだ。たとえ鷲尾二尉や、諸鹿三尉であっても。

「へえ、ここ女性用の控室なの？　こういうところで着替えたりするんだね。写真撮ってもいい？」

狩野は根っからミーハーらしく、カメラのレンズをあちこちに向けている。

美樹から受け取ったメモを、狩野に差し出した。ようやくカメラから手を離した狩野が、それに目を落とす。

「『ファはファイトのファ』？」

ぷっ、と吹き出した。

「そうかあ、ファイトかあ。ありかもしれないな。三崎はとにかく元気な男だった。『汝のしもべ』？　これはどういうこと？」

「ドレミファは、ヨハネ賛歌という聖歌の歌詞から取られたんです」

佳音が説明すると、狩野は面白そうにうんうんと頷いて聞いていた。

佳音はじっと観察していた。このひと、どうしてこんなに悲しげに笑うんだろう。カストロひげが隠しているのは、顔だけじゃない。狩野の感情も隠しているのだ。

「次は何だろう。『共感覚』、うん、言葉は聞いたことがあるな」

「その版画の作者は、『ファ』という音を聴いて、たとえば色や形など視覚的なものを思い浮かべることができるんじゃないかということです」

「ああ、なるほど。聴覚から視覚に響くんだね。それは面白いな。『五か所の楽譜はショパンの曲の一部と思われる』――曲は不明か。三崎がピアノを弾くという話は聞かなかったな。音楽は好きだったけど、ロックやラップのほうだったね。ショパンというからには、クラシックなんだろう？」

狩野はクラシックを茶化すように『運命』の冒頭を鼻歌まじりに歌った。いやいや、それショパンじゃないから、と突っ込みたくなるのはさておき。

「――狩野さん。あなたはまだ、私たちに話すべきヒントを教えていませんよね」

美樹が驚いたようにこちらを見つめた。狩野はあいかわらず曖昧《あいまい》な笑みを浮かべたまま、肩をすくめた。

「そうかな?」

「そうです。狩野さんは、私たちにジグソーパズルを渡したけど、大事なピースをひとつ隠したままなんです。それがないと、私たちは解答にはたどりつけない」

「どういうことだろう」

佳音は大きく息を吸い込み、カラーコピーを封筒から取りだして広げた。鮮やかな夕焼けの朱色が、ぱっと辺りを照らすようだ。

「これ、絵葉書と同じ『ファ』です。画集からコピーしたんです」

ようやく狩野の顔から、つくりものめいた笑みが消えた。まじまじと版画のコピーを見つめている。

「よく見てください、狩野さん。この絵、どんな感じがしますか」

「――うん、いい絵だな」

「そうですね。でも、それだけですか」

狩野が黙りこむ。彼の表情は、少しずつ真剣になっていった。おそらくこれが、狩野の本来の顔なのだ。軽薄なひげ男の仮面の下に隠した、繊細な素顔。

「どうですか、狩野さん」

佳音がさらに問いかけた時、控室のドアをノックする音がした。

「鳴瀬さん、呼んだ？　入るわよ」

女同士の遠慮のなさで、勢いよくドアを開けたのは安西夫人だ。鷲尾二尉に伝言を頼んで、ここに呼んでもらったのだ。さっき、廊下で狩野がカメラを向けていた相手だった。

室内に狩野の姿を認めると、彼女は急いでドアを閉めようとした。

「待って！　逃げないでください、夫人！」

びくりと彼女の肩が動く。とっさに夫人と呼びかけたことに気づいて、佳音はこほんとわざとらしく咳払いをした。

「あ、すいません。夫人って彼女のあだ名なんです。なんとなく、お蝶《ちょう》夫人みたいな印象があるから。あの、『エースをねらえ！』って漫画、わかります？」

いやそれはどうでもいいから、と美樹が横から袖を引っ張った。

「中に入ってください。私もう、気がついちゃいましたから」

声をかけると、安西夫人は苦い顔でしぶしぶ控室に入り、ドアをきっちり閉めた。

「ねえ佳音、いったいどういうこと？」

美樹が眉をひそめた。佳音は黙ってしまった狩野に視線を移した。

「つまり――、安西さんと狩野さんは、以前からの知り合いだったんですよね。それもたぶん――」

佳音が濁した言葉を察して、美樹が目を瞠《みは》る。

――狩野は安西夫人の恋人だったのだ。

「だから、他人のことによけいな口を挟まないほうがいいって、言ったじゃないの」

安西夫人が苦々しそうに唇を歪める。

「驚いたなあ」

狩野がぽつりと言った。

「君たち、本当に名探偵だったんだね」

「三崎さんのことを考えていて、思い出したんです。安西さんも、狩野さんと同じ芸大の出身ですよね。安西さんは音楽学科で、狩野さんは写真学科ですけど」

狩野さんの出身校は都内でも有名な芸大で、音楽隊にも安西夫人をはじめ何人か卒業生が入隊している。

「年齢は離れていても、ここの大学の卒業生は結構つながりがあると聞いたことがあったので。卒業生が毎年、校内で講演や展示会をしていますよね。感性の合う人なら、そんな機会に話をすることがあったかもしれない。そう考えると、おふたりの態度でいろいろ納得することがあったんです」

「たとえば？」

狩野が尋ねた。

「音楽隊の撮影に来られた初日、狩野さんはクラリネットとパーカッションとサックスのパート練習を撮影したと聞きました。フルートなんて真っ先に撮影しそうなものなのに、なぜ撮らなかったんでしょう。フルート担当の安西さんは見てのとおりフォトジェニックだし、お茶を運んだ時だって、音楽隊は美人揃いで撮影のしがいがあるって、歯の浮くようなお世辞を言ってましたよね」

安西夫人が冷ややかに狩野を睨んだので、彼は小さく「うう」と呻《うめ》いて困ったような顔になった。

「それから狩野さんのそのひげとサングラス。テレビに出演する時には、ひげなんて伸ばしてなかったそうですね。ひょっとして狩野さんは、顔を隠していれば自分が来ていることを安西さんに知られないと考えているんじゃないか。実は私たち、受入れ計画ってものを作っていて、そこに狩野さんのお名前もばっちり載ってますし、安西さんも知っていたんですけどね」

「そこまでは気が回らなかったよ。名前まで知られるのは広報の人と、隊長さんや幹部の人たちぐらいかなと考えていたから。フルートの撮影をしなければ、バレないんじゃないかと思っていた。ちなみに、このひげは自前だけどね」

降参の印に狩野が両手を挙げる。

「それから安西さん。このところずっとご機嫌斜めで」

安西夫人がこちらに厳しい視線を向けたので、佳音はどぎまぎしながら口を押さえた。

「すみません、今のは失言でした。——とにかく、いつもと雰囲気が違うなと思っていたんです。たぶん、狩野さんが見学に来ることがわかった頃から」

神経質になっていたのだ。お茶出しも交代してくれなかったし——まあそれは当然か。

「ひとつ、狩野さんにお尋ねしたいことがあるんです。三崎さんのことですが——絵や音楽には詳しい方でしたか？」

佳音の質問に、狩野はとまどうように首を横に振った。

「『詳しい』の意味にもよるけどね。カメラマンになるくらいだから、絵にも関心はあったと思うけど。さっきも言ったように、音楽はロックかラップという男だったから」

「グルダの絵を知っていたり、この抽象的な版画を見て、そこにこめられた意味を考えたりするタイプではなかったんですね？」

ひげに包まれた口元がほころんだ。

「綺麗だな、のひと言で終わったと思うよ」

佳音はゆっくり頷いた。そのひと言を、狩野から聞きたかった。

「狩野さん。あなたはどうして、イラクまで三崎さんを捜しに行ったんですか？　いくら親友でも、仕事を捨ててまでとなると、できることじゃありませんよね。あなたと三崎さんは——」

三崎はバグダッドから、何も書いていない絵葉書を狩野に送った。それが最後のメッセージになった。そして、狩野の言葉のはしばしに匂う罪の意識。

「——まいったな」

狩野は視線をそらした。

「たぶん、君が想像しているとおりだ。三崎と僕は親友だったけど、ふたりとも庸子くんが好きだった。僕らが母校で卒業生の写真展をやった時に、彼女が見に来てくれたのがきっかけで知り合ったんだ。ひと目ぼれでね。彼女がまだ大学生の頃の話だ」

「それじゃ、安西夫人は狩野さんを選んだんですね！」

美樹が目を輝かせて話に割り込んでくる。本人たちを目の前にしているというのに、能天気なゴシップ好きだ。

「安西さんが狩野さんを選んだ後、そのせいかどうかわからないけれど、三崎さんはイラクに行ってしまった。しかも葉書を一枚、狩野さんに送った後、行方不明になってしまった。それで狩野さんは、放っておけなかったんですね」

「怖かったよ。庸子くんと三崎がうまくいっていたら、あいつはイラク戦争の取材に行かなかったかもしれない。それなら、三崎が行方不明になったのは、俺のせいかもしれないじゃないか」

狩野がうつむいて自分の両手を見つめる。まるで、そこに何かの答えが書いてあると信じているかのようだ。

あの葉書に、何かメッセージが書かれていれば、また違ったのかもしれない。ところが、葉書にはひと言もなかった。自分に何を言いたかったのかと、狩野は悩んだのに違いない。

「もちろん、俺は悪くない。俺のせいじゃない。そう思いたい自分もいた。だけど、なんにも書いてない絵葉書を見るたび、あいつは俺に何を伝えたかったんだろうって、くよくよ考えてしまう。俺を恨んだんじゃないかって。庸子くんを見るたび、三崎を思い出す。とても、そのまま安穏に仕事を続ける気分にはなれなかった」

佳音はもう一度、『ファ』のコピーを狩野の前に突き出した。

「この絵を見てください。私は三崎さんを知りません。だけど、おそらくいろんな絵葉書がある中から、この絵を選んだんですよね。グルダの『ファ』。三崎さんがどうしてこの絵を送ったのか、狩野さんには本当にわからないんですか」

つかつかと近づいてきた安西夫人が、佳音の手からコピーをひったくった。そのまま、狩野の胸に突きつける。

「この絵を見なさいよ、狩野さん！　この温かい、優しい色づかいを見てよ。三崎さんと会ったことがないこの子でもわかるのよ！　あなたを恨んでいる人が、こんな絵を送るわけがないじゃないの」

自分の胸に突きつけられた絵をただ見つめている狩野に苛立ったのか、安西夫人がコピーを彼に投げつけた。

「いい加減にして！　三崎さんがいなくなったのは自分のせいだなんて、ひとりでかっこつけちゃってさ。それで仕事も投げ出してイラクに飛んで行って、ずっと逃げて。何かを選んだら、何かを捨てなきゃいけない。あなたにはそれが耐えられなかっただけじゃないの。この絵を見なさいよ。あなただって本心ではわかっていたはずでしょう。この愛情に満ちた絵。これが三崎さんの祝福でなくてなんなのよ」

そうだ。この絵は無言の祝福だった。この絵を選んだ人は、よけいな言葉なんていらないと思ったのだ。「綺麗だな」のひと言で、すべてが通じると信じていた。

「ひょっとして――」

美樹が今気づいたように、ふたりを見比べる。

「おふたりは、それで喧嘩《けんか》別れされたんですか？　だって変ですよね。そのまま何年も音信不通になっちゃうなんて」

確かにそうだ。三崎が行方不明になってから八年。その間、狩野が恋人の安西夫人を放っておいたなんて、いくら責任を感じたからといって、信じられない。

狩野がため息をついた。

「俺がイラクに行くのなら、別れるって庸子くんが言ったんだ」

「当たり前じゃないの。ひとりで思いこんじゃって。イラクから帰っても、連絡のひとつもよこさないし」

「だってそれは、あれだけ大喧嘩した後だから、君が許してくれないと思ったんだよ。君が来るかと思って大学の同窓会に顔を出してみたら、いつの間にか自衛隊に入ったと聞いてびっくりしたし」

「自衛官になれば、もしかしたらイラクに派遣されるかもって思ったのよ！　そんなわけなかったけど！」

安西夫人も狩野も、佳音たちがびっくりして見ていることなどすっかり忘れていたらしい。最初に安西夫人が我にかえり、佳音と美樹を見ると、顔を真っ赤にして控室を飛び出していった。

「待ってくれよ、庸子！」

狩野が後を追いかけて走りだす。佳音は毒気を抜かれた態《てい》で、ふたりを見送った。美樹が、突然ぷっと吹き出した。

「もう、何よ」

「だっておかしいよね、あのふたり。結局、お互い今でも相手のことが大好きなんでしょ。盛大にのろけてたよね」

佳音も苦笑いした。まったくだ。元恋人が戦場カメラマンだからって、自衛隊に入ればイラクに行けると思いこんで入隊するなんて、安西夫人も立派な猪突猛進《ちょとつもうしん》タイプじゃないか。

「狩野さんはどうして今ごろになって、音楽隊を取材したりして夫人の周りをうろうろし始めたのかなあ。イラクに行ってから八年も経つわけでしょ」

美樹がもっともな疑問を呈《てい》する。

「三崎さんが失踪して七年以上経ったからじゃない？　ご両親が狩野さんに失踪宣告のこ

とを知らせたって言ってたよね」

「そうか。それでもう三崎さんが戻ってくる可能性はなくなったと思って、未練がましく夫人の様子を見に来たってわけ」

「音楽隊の撮影だなんて、もっともらしい理由までくっつけてね」

「よくまあ夫人も、今まで結婚もせずに待ってたもんだよね」

「待ってたのかなあ。諦《あきら》めてたのかもしれないけど。夫人が独身なのって音楽隊の七不思議みたいなもんだったよね」

なにしろ、このがさつな美樹ですら立派に結婚しているというのに。

「あっ、もうこんな時間」

美樹が壁の時計を見上げた。

「やばい、行かなくちゃ」

あと二十分ほどで開演だ。

「夫人、大丈夫かなあ」

「すぐに気がつくでしょ」

わいわい言いながら楽器を抱えて控室を出たところで、壁にもたれて困ったような顔をしている渡会を見つけた。どうしてこんなところにいるのだろう、この男は。

「鷲尾さんが、呼んでこいって」

渡会が親指を会場のほうに向けた。こんな大事な日に何をやっているのかと、鷲尾二尉は気をもんでいるのに違いない。

「ノックすればいいのに」

「あんな話の最中に、入っていけるかよ」

どうやら渡会は安西夫人たちの会話を漏れ聞いていたらしい。確かに、ふたりが怒鳴り合っている場面に飛び込んでこられるのは、相当な勇者だろう。

「もうみんな整列してるみたい」

美樹が慌てて走りだす。佳音も後から追いながら、小さく笑った。隣で駆け足している渡会が、怪訝《けげん》そうに何だよと尋ねる。

「――うん。あのふたり、なんだかうまくいきそうでいいなあと思ってさ」

戦場カメラマンを夫に持つ音楽隊員が、近々生まれるかもしれない。そうなったら、安西夫人は内務班を出るから、今度は誰と同室になるのか少し気になるところだが。

「それにしても、あの絵を見て、三崎さんに祝福されてると思わなかったなんて、狩野さんもずいぶん鈍感だよね」

渡会が何か言いかけて言葉につまり、こちらを振り向いた。

「——そんなの、おまえにだけは言われたくないと思う」

「何それ、どういう意味？」

渡会が笑いながらスピードを上げた。

もうすぐ開演だ。アリーナに行進するために、バックヤードにみんな並んで待っている。

大きな声を出せないので、早く来い、と鷲尾二尉が腕を高々と挙げて呼んでいる。安西夫人が澄ました顔で列に並ぼうとしている。どうやら間に合ったようだ。心配そうにこちらを振り向いていた真弓クンが、ほっとしたのか小さく手を振っている。

佳音も手を振り返しながら、待機中の列になだれこむように走った。

遠き山に日は落ちて——渡会俊彦の場合——

高校の吹奏楽部は三学年合わせて八十三名もいて、俺こと渡会俊彦《わたらいとしひこ》の学年だけでも二十六名という大所帯だった。ほとんどひとクラスに近い人数だ。それだけ人数が多いと、気の合う奴も合わない奴もいるわけで——。

いつからそいつを意識するようになったのか、もう覚えていない。アルトサックス班は三学年合わせて十一名と、クラリネットやオーボエの班には負けるが、ひとつの大きなグループを形成していた。放課後、部活の時間になり、パート練習が始まれば同じ楽器の同じパートが集まって練習するわけだし、自然に顔を合わせる機会も増える。

そいつはつまり——ひと言で言えば、どんくさい奴だった。

いつも魂がどこか飛び回っているようにぼんやりしていて、みんなで決めた練習時間を、まったく悪気なく忘れて遅刻する。楽器を自宅に持ち帰って練習すれば、家にネックを忘れてくる。マウスピースではない。ネックだ。いったいどうやったらそんなでかいもの、忘れることができるのか——。

俺なら己の醜態に憤死したくなるような失敗をしでかしても、そいつはのほほんと神経の伸びきった笑顔で「ごめんー」などと語尾を引っ張って謝ればすむと考えている。しかも、考えが足りない。高校二年生にもなれば班の運営にも口を出さなければならないが、およそ論理的に説明したり、ものを考えたりすることができないオロカモノだ。

ところが、いざ楽器を握って曲を吹き始めると、そいつは人が変わったように大人っぽく饒舌《じょうぜつ》になった。たとえばマーチ『ブルースカイ』を吹くと、突き抜けるような青空に、真っ白な入道雲がむくむくと湧き上がるのが目に浮かぶようだったし、『シング・シング・シング』なんて吹いた日には、身体が自然に踊りだすくらい躍動感に溢《あふ》れる楽しい曲にしてしまう。そいつの身体と一体化したようなサックスを自由自在に響かせて、溢れる豊かな情感をしっかり音に乗せてしまう。

——ちきしょう。

ふだんの行いがどれだけ不出来でも、サックスを吹くのを聴くと、小言を口にするのが馬鹿らしくなった。いや、ふだんがあまりに情けないからこそ、演奏とのギャップの大きさにたまげたのかもしれないのだが。

別に、ひと目惚れしたわけじゃないと思う。そんな言葉が似合うような美人ってわけでもない。ただ、そいつの音楽が心のどこかに染みただけだ。こんな音を出すやつなら、中身はさぞかし面白いやつなんだろうなと思った。言葉にして表現するのが苦手で、思いを音楽にしか表すことができない。そんなやつもいる。そう考えると、一挙手一投足から目が離せなくなった。

それなりに成績が良かったので、国立大学の法学部に進学したが、入学直後に休学し、翌年音楽大学に入り直したのも、どこかしら心に引っ掛かっていたのかもしれない。そいつは東京の音大に入り、卒業後は航空自衛隊の音楽隊に入ったと、高校時代の同窓生に聞かされた。自衛隊の音楽隊には、俺も昔から強い興味を抱いていた。だから――。

「ちょっと、渡会！　掃除中に廊下でぼうっと立つの、やめてくれる？」

足元を箒《ほうき》の先でわざとらしくつつかれ、俺は飛び上がった。

「あんた、それでなくてもでかいんだから。邪魔なのよ、邪魔！」

「なんだと！」

そいつが偉そうに、箒の先で俺を廊下の隅へと押しやった。航空中央音楽隊の庁舎だ。

どうやら今日の掃除当番らしい。

そいつの名前は、鳴瀬佳音《なるせかのん》と言った。

あれは忘れもしない、航空中央音楽隊に配属された初日。

「おや、これは珍しいな。お前ら高校一緒じゃないか。渡会は一年浪人したらしいから、ひょっとして同級生じゃないのか」

村上《むらかみ》さんというアルトサックスの先輩が、メンバーに紹介しようと引き合わせてくれた時のことだった。

「ええ、俺たち同じ吹奏楽部で——」

さすがの俺も子どものように浮かれていた。同級生を通じて消息は聞いていたが、会うのは卒業式以来だ。女子は社会人になれば化粧もするし、急に大人っぽくなる。高校時代とは別人のように綺麗《きれい》になったことだろう。今の俺を見てどう思うだろうか。

いくぶん自意識過剰ぎみに、鳴瀬と目を合わせて答えたとたん、彼女は「え」と小さく呟《つぶや》き、化粧気のない唇を丸く開いて「O」の形にした。ああ、嫌な予感がする。マスカラもアイシャドウも影も形もない、生まれたままの目がうろうろ泳いでいる。

「ええと——あれっ、そうだっけ、あれ」

記憶の回路を、一枚の顔写真を求めて縦横無尽に走り回る小型のそいつが目に見えるような気がした。慌てふためいて、大いに焦《あせ》りながら。

——こいつ、マジで全然覚えてないのか。

しかも、化粧もしなければ、日常生活がどんくさいところまで全く変化していなかった。国立大学を棒に振って音大に進学し、まっすぐ航空自衛隊の音楽隊を目指してやってきた俺は、髪が毛根からはらはらと大量に抜け落ちるような思いがしたものだ。

「君たちの関係って、傍《はた》から見ていてあまりにも不毛なのよね」

安西庸子《あんざいようこ》三等空曹の言葉に、俺はぐうの音《ね》も出ずビールのジョッキをあおった。

立川駅《たちかわ》そばの、隠れ家的なイメージのあるイタリアンレストランだ。料理が美味《おい》しいうえに、ワインの種類が豊富だと女性に人気があるらしい。入隊してから三度目の夏を迎えた。一緒に飲みに来た安西三曹と、鳴瀬の同期である吉川美樹《よしかわみき》空士長、それに自分と同期の斉藤《さいとう》空士長は、大喜びで赤ワインをどんどん空けている。俺はワインよりもビールのほうが好きだ。

「ですよねえ。佳音はどうも、オクテというより、生まれた時にそっちの回路をどこかに落っことしてきちゃったんじゃないかと思うくらい、恋愛に無関心ですからねえ」

吉川が、陶板で焼いたつぶ貝に、嬉々《きき》としてフォークを突き刺しながらのたもうた。ちなみに、彼女は「無関心」という単語を「むっかんしん」と読んで強調した。鳴瀬の同期のくせに。

「いやん、この貝のソテー、すっごくワインに合う。バターの香りがたまりません」

「吉川さん、こっちのトマト煮もなかなかですよ。これ何の香りだろう。ハーブかな」

吉川の歓喜の声に、斉藤が即答する。久しぶりに演奏会もイベントもない土曜を前にして、仲のいい面子《メンツ》で飲みに来たのだ。こんな日でもなければ、なかなかそろっては飲みに行けない。いつもならここに、鳴瀬が混じる。今日彼女の姿がないのは、この前の日曜に外出先で同じメンバーで生牡蠣《なまがき》を食べ、なぜか彼女だけが食中毒を起こして病院に運ばれたからだ。幸い症状は軽く、月曜には退院して翌日から職場復帰したものの、さすがに今日、外食する気にはなれなかったらしい。内務班で、ひとりふてくされて寝ているはずだ。

鳴瀬佳音は、運も悪い。

納得がいかない――というか納得したくないのは、鳴瀬本人にはまったく通じていないらしい自分の気持ちが、他の連中には筒抜けになっているという事実だ。いくらなんでも、これは恥ずかしすぎる。

――確かに不毛だな。

俺はビールジョッキを握ったまま、がっくりと肩を落とした。もちろん、音楽隊を志望したのは音楽が好きだからだし、自衛隊という場所も好きだからだ。身体を鍛えるのは趣味にもかなっている。もともとアウトドアも好きで、子どもの頃から家族と共に登山をしたり、ウインドサーフィンやカヌー、ラフティングなどを楽しんだりしてきた。音楽だけが趣味というわけじゃない。自衛隊の音楽隊という職場は、あらゆる意味で自分の好みに合っている。職場の人間関係も良好だし、将来の出世の見込みも充分にある。

音大を志望するきっかけになった女に振り向いてもらえなかったからと言って、悲観することは何もないのだが――。

「この手の問題におせっかいを焼くつもりはないのだけど」

安西夫人が白ワインのグラスをつまみ、妖艶な笑顔を見せてくるりと回転させた。

「正直言って、私は早いところ、あのおっちょこちょいの鳴瀬さんに、少しでも落ち着いてもらいたいの。でないと同室の私の身がもたないから」

「夫人、いつも本当にお疲れ様です」

わかる、わかると言いたげに、吉川が頷《うなず》いて泣きまねをする。こいつもたいがい失礼だ。

「配属されてすぐ盲腸炎になって救急車を呼ぶ騒ぎになるわ、翌年は交通事故に遭《あ》うわ。去年は何だったかしら、窓ガラスを叩《たた》き割ったのよね。毎年、何かしら大騒動。今年は早くも食中毒。――いいかげん、私はあの子の世話役を誰かに押し付けたいのよ」

そんなこと、しみじみと力説されても困る。

「つまり、俺は鳴瀬のいけにえですか」

「ずばりその通り！」

安西夫人が形のいい爪をまっすぐ俺に向けた。女優並みの美人で頭の回転も速く、どこから見ても〝良妻賢母〟になりそうな彼女が、三十代前半の今まで結婚もせず、女性内務班に居残っているというのも、あながち理由のないことではない。並みの男では太刀《たち》打ちできない迫力だ。

「たとえば、今度のファミリーコンサート。今年も楽器体験コーナーで子どもたちに楽器を吹いてみてもらうでしょ。そういう場面でさりげなく、俺もこんな可愛い子どもが欲しいな、なんて言ってみるのはどう。いくら鳴瀬さんでもぴんとくるんじゃない」

「安西さん、俺も鳴瀬もサックスですから。楽器体験は、フルートやトランペットみたいに吹き口をさっと拭ける楽器でないと無理ですよ」

「あらそうね。それじゃ、職場体験はどう。音楽隊に興味のある大学生や高校生が来るじゃない。彼らと一緒に演奏しながら、『俺たちにもあんな時代があったな』なんて囁《ささや》いてみれば――」

「鳴瀬の奴は、吹奏楽部の同じパートにいた俺のことを、きれいさっぱり忘れてたんですよ。あんな時代があったことすら忘れてますって」

「ほんとに難儀《なんぎ》な子ねえ。あなたたち、高校時代の思い出の曲くらい、ないのかしら」

安西夫人がため息をつく。昔を懐かしむなんて、早すぎる。とはいうものの、安西夫人の言葉で遠い記憶が刺激された。思い出の曲と言えば、あれは――。

「とにかく、いいわね、渡会君。ここにいる私たちが、一致団結してあなたに協力してあげる。男なら、このへんで鳴瀬さんをきっちり射とめてみせなさい！」

しまった、安西夫人にワインを飲ませ過ぎたようだ。切れ長の目が据わっている。

「夫人、協力って何するんですか」

「それ僕らも手伝うんですか」

「当然よ。みんなで渡会君と鳴瀬さんの幸せを願って、乾杯しましょう。さ、みんなグラスを持って」

安西夫人の暴走は、既に下手に制止すると暴発するレベルだ。しかも、吉川や斉藤は、彼女が酔っぱらっていることに気付いていないらしい。わけもわからず、浮き浮きと目を輝かせながらグラスを掲げている。

「いいわね、みんな。目指せ、ウエディング・マーチ！　乾杯！」

安西夫人の声に、他の連中が唱和した。何事かと店内の客たちの視線がこちらに集中する。俺は頭を抱えた。

——穴があったら逃げ込みたい。

「まったくもう、どうして私たちがこんなところで芋を剝《む》いてるわけ？」

ぷりぷりしながら、鳴瀬佳音が不器用にジャガイモの皮を剝いている。庁舎の一階玄関前だ。洗ったジャガイモとタマネギを大きなざるに積み上げ、ペティナイフで芋の皮を剝いているのは、俺たちふたりだった。本当の事情を聞いたらさぞかし怒るだろう。

どう見ても俺のほうが、鳴瀬より二倍くらい皮剝きが速いし皮が薄い。正直、見ていられない。いつもならここで、「遅い」「ぶきっちょ」「お前は芋の身を捨てすぎだ」などとつい要《い》らぬ口を出してしまうのだが、今夜はこいつの手元を見ないようにして耐えた。見ると、どうしても「俺に貸せ！」と言いたくなる。自分でも困った癖だと思う。

「しかたがないだろ。新しく来た幹部を迎えて、カレーを食べながら懇親会をやろうって、安西さんの提案なんだから」

そういう名目で、ふたりきりで話す機会を作ろうというのが、安西夫人の策略だ。もちろん、安西夫人が提案すると、他の連中が嫌がる隙《すき》を与えず、吉川と斉藤がいかにも嬉しそうに賛成の声を上げた。そうなると、悪い話ではない。

「そりゃ私だってカレーは好きだけどさ」

ふと気付くと、鳴瀬の奴はあれだけ皮を厚く剝いているくせに、ジャガイモの芽をそいでいない。反射的に非難がましい言葉が喉《のど》から溢れそうになり、あわてて口をつぐんだ。厳しい言葉を吐く代わりに、ため息をついて奴が剝いた芋を奪い、芽の部分を包丁の角で抉《えぐ》る。

「あ、そっかあ、芽が残ってたかあ」

鳴瀬がのほほんと呟いた。めまいがした。

——なぜだ。なぜ俺は、こんなどんくさい女をちょっといいな、なんて思ってしまったのだ。絶対に間違ってる。ただの気の迷いかもしれない。万が一こいつと結婚してみろ。毎日が戦争だ。だいたい、自衛隊に入るとアイロンがけからベッドメイク、裁縫に清掃など、さまざまな身の回りの作業を叩きこまれるというのに、どうやったらここまで不器用な人間のままでいられるのか。

鳴瀬がくすりと笑う。

「渡会ってさあ、高校の合宿でも芋剝くのうまかったよね」

つい手が止まった。俺たちが通った高校の吹奏楽部は、夏休みに三日間だけキャンプの代わりに校舎で合宿練習を開催する慣習があった。夕食は家庭科の調理実習室を借りて、全員で作るのだ。毎年、最後の夕食はカレーと決まっていて、本格的にルウから作るので、室内がスパイスの匂いで満たされる。

「そう言えば、あの時もカレーだったたな」

一年生の夏休み、家事などほとんどしたこともない高校生の中で、子どもの頃からキャンプやアウトドア生活で馴《な》らされていた俺は、電気炊飯器を使わないご飯の炊き方から芋の剝き方まで、率先して教えて回ったのだった。はっきり言って、三年生の先輩よりうまかった。

すっかり自分でも忘れていた。それを鳴瀬が覚えていたことが、新鮮な驚きだった。

――なんだ。おまえ俺のこと、覚えてたんじゃないか。

そう軽く返せたはずなのに、その言葉がなぜか胸につかえて出てこない。意識しすぎだって、と心の中で自分に突っ込みを入れる。どう頑張っても俺は、プレイボーイにはなれそうもない。

「あの時のカレー、美味しかったなあ。みんなで一生懸命作ったからかな。ガスでご飯を炊いたから、よけい美味しかったのかなあ」

鳴瀬は完全に現実逃避モードに入り、うっとりと高校時代の合宿を思い返しているらしい。しかし、思えば俺たちは今だって似たような生活を送っているじゃないか。独身者の内務班は、考えようによっては合宿みたいなものだ。当時に比べれば自分たちの演奏のレベルが高くなったのはもちろんのこと、プレッシャーのレベルも上がったけれども、今でも吹奏楽を演奏している。なにより、学生時代の部活動は楽しみにすぎなかったが、今は仕事だ。

「ほら、鳴瀬。手がお留守になってるぞ」

この調子では、いつまでたってもジャガイモの山がなくならない。まだタマネギだって残っているのだ。見かねて声をかけると、鳴瀬が我に返った。

「そうそう。あの時、私が夢中でカレー食べてたらさ、渡会がじーっと見てて、『お前、旨《うま》そうに食うなあ』って言ったんだ。これやるって言われて、ジャガイモ一個もらったんだわ。いま思い出した！」

俺は一瞬虚《きょ》を衝かれ、呆然《ぼうぜん》とした。

——そういえば。

確かにそんなことがあったかもしれない。今の今まで忘れていた。調理実習室で食事をする時、自然にパートごとの班に分かれて食べ始めた。アルトサックスの班に、やたら美味しそうに食事している一年生の女子がいて、それが鳴瀬だったのだ。何というか、生気に満ち溢れた感じで、大口を開けてせっせとカレーを口に運ぶ姿に、我知らず見とれた。思い出した。そうだ。あの瞬間、自分は鳴瀬佳音という女子を、くっきりと個別認識して意識するようになったのだ。

——芋かよ。

毒気を抜かれて唖然《あぜん》とし、それからじわじわ笑いがこみ上げてくる。こらえきれずに吹き出した。

「——おまえ、ほんっと色気ねえの」

「何よもう。悪かったわね、色気なくて」

憤然として答えた鳴瀬の奴も、自分で言いながら爆笑している。まったくこいつときたら、高校生の頃からちっとも変わってない。色気がなくて自然体で、気取りがないから自分の好きなことに一直線に夢中になれる。おかしな奴だ。それに、ちょっとうらやましい。

——今のままでいいのかもしれない。

そんな言葉が胸をよぎり、俺は少し慌てた。動揺を隠すために、さっさとジャガイモの皮剝きにとりかかる。芋はあと少し。タマネギはまだまだ残っている。

思えばこれはとびきりぜいたくな時間じゃないか。恋人同士でもなければ、もちろん夫婦でもない。友達で、同僚で、高校時代という多感な時期を共に過ごした仲間と、今も一緒に他愛《たあい》のない会話を交わしていられるなんて。

笑いがおさまった鳴瀬が、気を取り直したようにジャガイモに向かった。小さな声で何か歌っている。それが何の曲かわかった瞬間、たとえようのない懐かしさがこみ上げてきた。

「それ、あれだ。『遠き山に日は落ちて』」

「そう！　毎年、夏の合宿の終わりにみんなで歌ったよね」

ドヴォルザークの『交響曲第九番、新世界より』。その第二楽章の旋律に歌詞をつけた曲だ。キャンプファイアーこそなかったけれど、夏の合宿を終える時には、毎年恒例でこの曲を合唱することになっていた。合宿が終わるのはいつも八月の半ばだったが、この歌を歌う時、俺は夏と夏休みの終わりを強く意識した。

どうしてこんなこと、今まできれいに忘れていられたのか。

彼女はもうにこにこしながら皮剝きに専念している。対照的に、俺の手は止まりがちだった。このままでいいんじゃないか。思いきった告白とか、作為的にムードを盛り上げるとか、そんなことは必要ない。いつか自然に彼女の気持ちがこちらを向くことがあったら、その時に少し俺たちの関係は変わるかもしれない。だけど、急がなくていい。無理やりでなくていい。

――ゆっくり、ゆっくり。

俺たちは、この時間を楽しめばいい。そう考えると、なんだか急に気が楽になった。

「ジャガイモ、あとちょっとだね。渡会、タマネギの皮剝きとスライス、やっちゃってくれる？」

「おう」

どんくさい鳴瀬がやると、果てしなく時間がかかりそうだ。気軽に引き受け、腿《もも》の上にまな板を渡してタマネギを切り始めた。だんだんタマネギの成分が目に染みて、涙が滲《にじ》んでくる。手の甲で拭《ぬぐ》いながら切り続けていると、玄関からどやどやと誰か出てきた。振り向くと、安西夫人と吉川、斉藤だ。彼らはこっちを見て、あっと呟いたきり、言葉を失ってしまった。

「どうした、お前ら」

彼らを見上げて涙を拭いた。目がヒリヒリする。

「――――」

無言のうちに醸し出される気の毒そうな空気。吉川はため息をつき、斉藤は悲しげに首を振っている。首をかしげた俺も、さすがに気付く。

――しまった。

安西夫人が近付いてきて、ぽんと肩を叩いた。

「渡会くん、何も言わないでいいから」

この涙はタマネギのせいなのであって、鳴瀬に告白してふられたわけではない。誤解だ。それは絶対に誤解だ――。

「ち、ちが――」

当の鳴瀬は、突然出てきて再び庁舎の内部に去っていく安西夫人たちを、きょとんと眺めている。

「ねえ、あの人たち、どうしたんだろ？」

「さ、さあ――」

どうか明日から、彼らが何か妙な策略を企《たくら》みませんように。俺は、そうひそかに祈った。

遠き山に、とうに日は落ちた後だ。夜はしんしんと更《ふ》けていく。

ラッパ吹きの休日

女性内務班――自衛隊では寮のような場所を内務班と呼ぶのだが――の洗面所で歯を磨きながら、鳴瀬《なるせ》佳音《かのん》は眠い目で鏡に映った自分を眺めた。起き抜けで梳《と》かしていない髪はぼさぼさ。まぶたは大仏様のように半分重く垂れ下がり、顔は腫《は》れぼったい。正直、あまりみっともいい姿ではない。

――しかし。

みんな時計を見るがよい、と佳音はほくそ笑んだ。そう、まだ〇七三〇《マルナナサンマル》なのだ。勤務時間は〇八三〇《マルハチサンマル》からで、朝食を食べる時間もある。遅刻こそ滅多にしないものの、朝の身支度が慌ただしいので有名だった佳音にしては、驚くべき進歩だ。

――出勤間際に飛び起きて、朝ご飯も食べずに職場に駆けつける佳音は終わったのよ。

鳴瀬佳音は今月から生まれ変わったのである――というか、生まれ変わらざるをえなかったのである。それというのも――。

「あっ、鳴瀬さん、おはようございます！」

勢いよく洗面所の扉が開き、元気良く挨拶しながら、佳音が変わる契機になった存在が飛び込んできた。小柄で目が大きく、柔らかい猫っ毛をショートボブにした頭や、ふっくらした丸顔を含めて、なんだか愛らしい子熊のような新人女性隊員だ。髪がふわふわしているのが、ぬいぐるみ的な癒やし感を増しているのだろうか。

「おはよう、澄川《すみかわ》さん」

佳音は精一杯、落ち着いた声を出した。澄川理彩《りさ》二等空士。一昨年、航空自衛隊に採用されて研修を受けた後、浜松《はままつ》にある中部航空音楽隊の配属となり、この三月初めに航空中央音楽隊へ異動してきたフルート奏者だ。理彩が慌ただしくトイレに駆け込むのを見送り、佳音は余裕たっぷりに眉《まゆ》を撥《は》ね上げた。——うふふ、これだから新人は。

佳音が航空中央音楽隊に配属されてから、ずっと同室だった安西《あんざい》夫人こと安西庸子《ようこ》三等空曹が、先月の終わりに電撃結婚して立川《たちかわ》に新居をかまえ、女性内務班を立ち退いた。昨年十一月の〈音楽まつり〉でかつての恋人に再会して、二月の終わりに入籍したのだから、ずいぶんなスピード婚だった。お相手はもちろん、戦場カメラマンの狩野伸一郎《かのうしんいちろう》だ。狩野はテレビなどでも人気のカメラマンだったため、戦場カメラマンが音楽隊員とはいえ自衛官と結婚したというので、マスコミも好意的に取り上げていたようだ。ちなみに挙式はまだで、花嫁のおなかが目立たないうちに、ささやかな式を内輪《うちわ》で挙げるつもりだと聞いている。──そう。つまり、安西夫人はおめでたなのである。

「〇七〇〇《マルナナマルマル》にひとつめの目覚まし時計を掛けていたんですけど、止めて二度寝をしていたらしいんです。でも、〇七三〇《マルナナサンマル》に鳴ったふたつめで起きました！　進化ですよね！」

理彩が手を洗いながら歯ブラシを口に突っ込み、せわしなくもごもごと喋《しゃべ》っている。そういうのは進化とは言わない。せいぜいが進歩と言うのだ。喋るか歯を磨くかどっちかにすれば、と忠告したくなるのを佳音はかろうじてこらえた。どうもこの新人、自分と行動パターンが似ているような気がする。

──天然だ。

安西夫人が内務班を出た後、理彩と同室になって二週間あまり。その間に佳音が理解したことは、彼女が実に希少な天然ボケだということだった。ひょっとすると安西夫人には自分の姿がこんな風に映っていたのかもしれないと思うと、背中に冷たい汗が滲《にじ》む。

（いいわね、鳴瀬さん）

自分の後に、入隊二年の若手が来ると知った安西夫人が、きりりと細い眉を吊《つ》り上げて佳音に注意したものだ。

（後輩の前でみっともないところを見せないでね。目覚まし時計を止めて二度寝するなん

て言語道断ですからね！　あっという間に先輩の名誉も権威も失墜するわよ）

——そのとおりです、夫人。危うく同室で低レベルな争いを繰り広げるところでした。

今のところ、佳音は安西夫人の教えを忠実に守っている。安西夫人は結婚しても退職しない予定で、今年の夏ごろから産休に入り、育児休暇を取得した後に復帰すると聞いている。理彩はその間の代理のフルート要員だ。

——そうか、ゴージャスなお嬢様風の容貌で、まるで『エースをねらえ！』のお蝶《ちょう》夫人みたいだった安西夫人は、これで名実ともに安西「夫人」になるわけだ。いや、結婚したから狩野「夫人」か。

ちょっぴり寂しい気分になったけれど、安西夫人は退職するわけではない、と思い直して気持ちを奮い立たせた。

「先に食堂行っとくよ」

「はい！　すぐ追いかけます」

佳音が声をかけると、理彩がガッツポーズで答えた。朝っぱらから無駄にテンションが高い新人だ。

三月中旬の空気は、ひんやりしている。二月が例年にない寒さだったせいか、そろそろ桜のつぼみが見られても良さそうな時期なのに、気配すらない。今年は四月の入学式の頃に満開の桜が見られるかもしれないと言われている。

陸上自衛隊東立川《ひがしたちかわ》駐屯地の一角。緑の多い敷地の中に建つクリーム色とチョコレート色の航空中央音楽隊庁舎を、佳音は見上げた。

今日は日曜なのだが、今朝の彼女はいつもとひと味違う。ターボ全開、気合がフルに入っている。楽器ケースを提《さ》げたまま、佳音は軽く武者震《むしゃぶる》いをした。玄関の階段を上る足にも力がこもる。

それも、そのはず。

航空中央音楽隊の創立五十周年を記念する演奏会が、今月二十一日に東京文化会館で開かれる。本来なら昨年の六月に開催する予定だったが、東日本大震災への対応で年度末に延期されたのだ。二千名を超える観客を収容する大ホールでの晴れがましい演奏に気持ちが奮い立つ。さらに、いやがうえにも緊張が高まる原因は、第二部に予定されている、アメリカ空軍（ワシントンＤＣ）軍楽隊長ドワイト大佐を客演指揮に迎えての演奏だった。航空中央音楽隊だって、国際的に「世界で最もレベルの高い音楽隊のひとつ」と認められているけれど、世界最高峰と謳《うた》われるアメリカ空軍の軍楽隊長を指揮者に迎えるのは音楽隊史上初めてである。なんだか試されているような気分ではないか。

そのドワイト大佐が、午後からここに顔を出すことになっている。今日から二十日までの三日間、合同練習を実施するためだ。

——失敗なんて、万にひとつも許されない。

「ううう、鳴瀬さん——」

事務室に入り楽器と鞄を下ろしたとたん、斜め前の席で腐乱した魚のような目をして、ぐったりとデスクに伸びている長澤《ながさわ》真弓《まゆみ》二等空士の呻《うめ》き声を聞き、佳音はぎょっとした。

「どうしたのよ、真弓クン！」

すらりとした長身で、宝塚の男役みたいな真弓クンは、いつ見ても元気いっぱいの若手だ。こんなにくたびれきった様子は見たことがない。

「……おなかが痛いですう……」

死にそうな声で呻く真弓クンのそばに慌てて駆け寄ると、顔まで蒼白《そうはく》になって脂汗《あぶらあせ》を滲ませているので驚いた。

「どうしたの。何かヘンなものでも食べたんじゃないの、真弓クン」

真弓クンは食い意地が張っているのでも有名だ。彼女が腹痛を訴えるなら、食あたりか食べすぎしか思い当たる節《ふし》がない。すぐそちらに発想が飛ぶのは、佳音自身が何度か食中毒を起こした経験を持つせいかもしれないが。

「はい、ちょっと佳音、どいてどいて！」

同期の吉川美樹《よしかわみき》三等空曹が、水のペットボトルと薬箱を持って近付いてきた。

「真弓クン、口開けてこれを飲みなさい。少しは胃が落ち着くから」

「美樹さん……ありがとうございます」

呻きながら真弓クンが顆粒《かりゅう》状の胃薬を口に含んで飲み下《くだ》す。同時に冷たい水を飲むと、いくらか落ち着いたようだ。

「緊張しすぎて胃炎を起こしたのよ。そうなる前に周囲に相談するなり泣きつくなりして、ストレスを和《やわ》らげなさい。メンタルヘルスのケアも自己管理のうちよ」

美樹が両手を腰に当て、仁王立ちの姿勢で諭《さと》している。えっ、と佳音は目を丸くした。

「まさか、今日からドワイト大佐が来るから？」

「そうなのよ。そこまで緊張することないのに。もっと肩の力を抜いてリラックスすればいいのよ。真弓クン、あんた何年楽器やってんの」

ドワイト大佐、という名前を耳にしただけで、真弓クンが胃のあたりを押さえてしかめっ面《つら》になった。

「大佐だけじゃないっす。演奏会まで、残すところあと三日になってしまったんですよ。考えただけでも、胃が痛くて死にそうです」

情けないことを言っているが、真弓クンだって学生時代には各種の器楽演奏コンクールで華々しい成績を残しているのだ。たいていの舞台に慣れていていいはずだが、いまひとつ気が小さい。美樹はそんな真弓クンを困った奴だと言いたげに見つめている。なんのかんの言いながら、後輩思いで面倒見がいいのだ。

航空中央音楽隊は年間に百回以上の演奏会をこなしているが、定期演奏会は、どちらかといえば気軽な曲の多い〈ふれあいコンサート〉などとはわけが違う。しかも今年は五十周年の大切な節目だけあって、いつもより難易度の高い曲目を選んでいる。その上、自衛隊のみならず在日米軍のＶＩＰが客席にずらりと並ぶ予定だ。失敗は許されない――と、みんな背水《はいすい》の陣を敷く思いでいるのだ。昨年は研修中で舞台には立てなかっただけに、初めての定期演奏会が、いきなり五十周年記念の特別編だという真弓クンが胃痛に襲われるのも、無理はないのかもしれない。

「おはようございまーっす」

脳天を突き抜けるほど甲高《かんだか》い声が響き、小柄なテディベア――じゃない、澄川理彩が弾《はず》むような足取りで事務室に入ってきた。ほとんど踊るようにリズムに乗って行進し、「おまえ、朝から元気だなあ」と周囲にからかわれながら席に着く。

「――まあ、あそこまでリラックスしなくてもいいんだけど」

美樹が憮然《ぶぜん》と呟《つぶや》いた。航空中央音楽隊随一の天然キャラの座は、どうやら佳音から理彩に移ったようだ。もちろん佳音はそれを惜しむつもりはない。断じて、ない。

「おい！　鳴瀬！」

いきなり押し殺した声を掛けられ、佳音は眉をひそめて振り返った。航空中央音楽隊のゴリラもとい、渡会俊彦《わたらいとしひこ》三等空曹が気難しい表情で立っていた。

「もう、何よ。びっくりするじゃない」

「いいから来い。ちょっと来てくれ」

渡会の剣幕に押し切られ、何事かと廊下に出てみると、階段の下にあいかわらずタンポポの綿帽子みたいな髪型をした斉藤《さいとう》空士長や独身の男性隊員が数人、困惑したような表情を浮かべて並んでいる。

「みんな、こんなところで何やってるの」

彼らは切りだしにくそうにお互いの顔を盗み見た。

「おまえ、あの新人、ちゃんと教育しとけよ」

渡会が仏頂面《ぶっちょうづら》で吐き捨てた。

「はあ？」

あの新人とは澄川理彩のことだろうか。確かに少々ぶっ飛んだところのある新人ではあるが、渡会ごときに佳音が責められるいわれはない。少々むっとして、売り言葉に買い言葉で言い返そうとして気がついた。渡会の言い方はきついが、見たところそれは照れ隠しというか、困惑を誤魔化《ごまか》すためのようだ。

「どういうこと？　これでもちゃんと新人教育はやってるつもりですけど？」

いったい理彩がどんな問題を起こしたというのか。佳音が腕組みして眉を上げると、ふわふわ頭の斉藤が両手を身体の前で握りしめて懇願のポーズになった。

「鳴瀬さん、頼むよ。あの子に内務班に立ち入らないよう言ってくれ！」

「はあ？」

斉藤の言葉の意味がにわかに理解できず、佳音はきょとんとした。理性が理解を拒んだのかもしれない。

「そうだよ、いくら新人の女の子でも、ちょっとひどいよ」

「俺も、本当にびっくりしたよ。なんで内務班に女の子が入ってくるんだよ」

「俺なんか、パンツ一丁のところ見られちゃったよ」

「悲鳴あげそうになったよな」

渡会の背後にいる連中が、口々に言い募る。呆気《あっけ》にとられていた佳音は、強張《こわば》った顔をぴしゃりと両手で叩いて、彼らを見回した。――ここは落ち着け、自分。

「ええと、お待ちください。つまりですね、あなたがたは、澄川理彩が――男性内務班に入り込んだって言ってます？」

航空中央音楽隊庁舎の三階は、女人《によにん》禁制の男性内務班――つまり独身男性の住居なのだ。佳音だって三階には一度も足を踏み入れたことがない。

「それしかないだろうが！」

渡会がこれ以上は考えられないほどぶっきらぼうに叫んだ。一瞬の間をおいて、佳音の驚愕《きようがく》の声が階段室に響き渡った。

「えええええっ！　それってどういうことよ。いつ？」

「みんなの話を総合すると、ここ三日間、毎日だ。業務が終わった夕方に、あの子がのこのこ内務班を歩き回ってるんだ」

「そんな馬鹿な――。見つけた時、厳しく注意した？　あの子、何か言ってた？」

「『あっ、ども――』って、軽く」

確かに理彩だ。彼女の口調を思い出してめまいがしてきた。

「最初はみんな、異動してきたばかりだから、三階が内務班だと気付いてないんじゃないかと善意に解釈したんだ。俺も見つけた時、ここは男子専用だから入ってくるなと注意したんだが、気付きませんでしたって謝ったんで勘弁してやったんだよ」

渡会が憮然として説明する。

「だけど彼女、僕が注意した時もそう言ったんだよ」

斉藤が言うと、他の連中も口々に追随した。彼らによると、ここ三日間、理彩は何度か三階にごそごそ入り込み、誰かに見つかっては男性内務班だと知らなかったと言い訳して逃げるパターンを繰り返していたらしい。新人の、それもうら若い女子のことだから、他人に知られて居心地が悪くなってはと気遣って、各自の胸におさめておいたのだが、どうも変だと今朝になって互いに探りを入れてみたところ、内務班に住んでいる独身男性の三分の一ていどが、理彩と三階で出くわした経験があると判明したそうだ。

「だけど——だけどさ」

佳音は頭の中がぐるぐる回るような感覚に耐え、必死に言葉を探した。

「あの子、三階に何の用があったわけ？　彼女ひょっとして、あれなの？　ち、ち、ち——痴女《ちじょ》？」

斉藤が顔を真っ赤にして横を向き、渡会たちの間にどんよりと澱《よど》んだ空気が立ち込めた。

「——頼むから、そんな禍々《まがまが》しい言葉を口走るのはやめてくれ。ただでさえ、こんな肝心な時に」

「だってさ——」

そっちこそがこんな肝心な時に、込み入った話を始めたのではないか。各個練磨室は一階、事務室や集合レッスン室は二階にあるから、三階に入る必要はまったくない。いったい理彩は何を考えて内務班に立ち入ったのだろう。

「いいな、鳴瀬。俺たちから注意すると角《かど》が立つ。おまえからうまく言ってやってくれ」

このとおり、と言いながら渡会ががっしりと腕を摑《つか》んで頭を下げた。呆然《ぼうぜん》とする佳音をひとり残して、そそくさと彼らは立ち去った。

――うまく言うもなにも。

そんなややこしい話、澄川理彩にどう切りだせばいいのだろう。

「あら、それはまた面白いことになったわね」

安西夫人が、食堂のカレーライスを優雅に口に運びながら、にっこり笑った。まったくこの人は、どんなに無粋《ぶすい》な動作でも女優のように絵になるのだから恐れ入る。

「面白くなんてないですよ、夫人。お願いします、このとおり。りさぽんと各個練磨室が同室ですよね。他人の耳がある場所で、うかつにこんな話をしたら、反応が怖いじゃないですか。個人練習の時に、優しく聞いてあげてくださいよ。夫人が相手なら、りさぽんもきっと何でも話すと思いますから」

佳音はスプーンを握ったまま両手を拝むように合わせた。澄川理彩は、さっそく隊内で「りさぽん」などと呼ばれてかわいがられているのだ。食堂で話しながら、他人の耳うんぬんもあったものではないのだが、とりあえず周囲に音楽隊員がいないことは確認している。

「だめよ、鳴瀬さん。澄川さんはあなたと同室でしょ。部屋に戻ってふたりきりになった時に、事情を聞いてあげたらいいじゃない。そろそろ、あなたも責任を持って後輩の指導に当たらなくちゃ」

緩やかに天然ウェーブのかかった髪を、今日も安西夫人はきれいに結い上げている。理彩に事情を聞く役目を、彼女に押し付けようとした下心はしっかりバレていたようで、佳音はぐうの音《ね》も出ずにがくりと頭《こうべ》を垂れた。

「吉川さんに頼るのもなしよ。こういう話を、大勢の人に広めるのは感心しないわ」

同期の吉川美樹に助けを求めようかと思案していたのも、先回りして止められた。

「――だめですか」

「もちろん、だめよ。世話を焼かせる後輩が同室になって、良かったじゃないの。これでようやく、鳴瀬さんも少しは成長できそうね」

「夫人、それちょっとキツすぎます――」

「あら、本当のことよ。人間、他人に面倒をかけられて成長するんだからね。むしろ澄川さんに感謝することね」

そういう理屈もあるのだろうかと真面目《まじめ》に悩みつつ、佳音はふと顔を上げて、結婚して近頃ますます眩《まぶ》しいくらい輝きを増している安西夫人を見つめた。

「つまりそれは——夫人も、私と同室になった時に、成長を実感したってことですか」

安西夫人が嫣然《えんぜん》と微笑んだ。

「あなたと一緒にしないでね、鳴瀬さん」

——そうきますか。

佳音は再びがっくりと肩を落とした。いくら外見が天使のようでも、毒舌には変わりない。むしろ磨きがかかったような気がするのは、気のせいだろうか。そういえば、安西夫人の旦那様になった狩野カメラマンは、入籍してすぐ、夫人の命令であの見事なカストロひげを剃《そ》り落としたらしい。基地の外で見かけた美樹によると、別人のようにさっぱりして、やはり美男子だったそうだ。

「隣、いいですかあ？」

能天気な声が掛けられ、佳音はぎくりと身体を強張らせた。返事を待たずに、するりと隣の席に滑りこんできたのは、まぎれもないテディベア——澄川理彩だ。あんな話を聞いてしまった後なので、彼女の顔をまともに見ることができない。

「澄川さんは、あまり緊張してなさそうね」

安西夫人が感心しているような声を出した。理彩は驚異的なスピードでカレーライスをたいらげている。以前、食事のスピードが速いと驚いたら、「カレーは飲み物です」と威張っていたものだ。こういうところが天然と呼ばれる所以《ゆえん》なのだろう。

「えっ、こう見えても私、すっごく緊張しているんですよう」

理彩がのほほんと答えて、悪戯《いたずら》坊主のように笑っている。――嘘をつけ。

――ああ、まったく妙な新人が入ってきた。

佳音はグラスのお冷やを口に含みかけ、ひそかに長い吐息を漏《も》らした。

「いつもどおりでいいんだから。いいね、いつもどおり。あっ、鳴瀬さんはいつもの倍ぐらい集中してね」

「どういう意味ですか！」

大佐の入室を前に、そわそわしている広報担当の鷲尾《わしお》智宏《ともひろ》二等空尉の言葉に佳音が唇を尖《とが》らせると、全体レッスン用のホール内に爆笑が起きた。斜め横のフルートの席で、理彩まで声を上げて笑っているのを見とがめて、佳音はむうと口をへの字に曲げた。まったく、後輩にまで笑われるとは情けない。しかし、おかげで堅かった空気がややほぐれたようだ。

　つい先ほど、ドワイト大佐が滞在先のホテルから庁舎に到着した。今頃は隊長室で隊長や副隊長と挨拶を交わし、歓談しているところだろう。大佐の通訳に選ばれたのは、英会話が堪能な諸鹿佑樹《もろがゆうき》三等空尉だ。合同練習日のホテルへの送迎から、演奏会当日にいたるまで、勤務時間中は常に大佐の傍《かたわ》らに張り付き、エスコートしなければいけない。ひとりになれるのは昼食時間ぐらいで、諸芸に秀《ひい》でた諸鹿三尉もさすがに緊張感に満ちた顔をして、大佐の出迎えに出発したものだった。

「あ、来た」

　誰かが呟いた。話し声と足音が廊下をこちらに向かってくる。心地よいバリトンの英語を耳にして、佳音は膝《ひざ》に載せたアルトサックスをしっかりと引き寄せた。

　諸鹿三尉が開いた扉から、すらりと背の高い銀髪の男性が隊長と談笑しながら入ってくると、隊員たちはすぐさま起立した。

（うわあ、足長い！）

　真っ先に見るのはそこか、と自分で突っ込みながら、佳音は目を丸くした。

「皆さん、ワシントンDCバンドの軍楽隊長、ドワイト大佐です」

隊長に紹介されたドワイト大佐が、三月だというのに軍服の上着を脱いで、半袖シャツ姿になってにこやかに前に進み出た。大佐は、この三月にワシントンDCバンドの軍楽隊長に就任したばかりで、それまでは士官学校の軍楽隊長を務めていたという。これがワシントンDCバンドの隊長として公式の場で指揮をする最初の機会になるのだそうだ。

大佐が英語で述べた自己紹介と短い挨拶を、諸鹿三尉がいつもよりややぎこちない口調で日本語に翻訳してくれた。

「今日は私も少し緊張しています」

という大佐の人間味のある言葉が伝わると、ホールの中にさざ波のような笑い声が起こり、場がほぐれた。胃痛を起こすほど緊張していた真弓クンも、木琴の前でようやく笑みを浮かべているようだ。

「それでは、さっそく」

ドワイト大佐が客演指揮をするのは、第二部の四曲だ。入念な打ち合わせを行い、日米間ですり合わせして決めた曲だった。二十世紀に作られた吹奏楽曲の中で記念碑的な作品と呼ばれるクロード・トーマス・スミスの『フェスティバル・バリエーションズ』。祝祭《フェスティバル》というだけあり、華やかで力強い熱気に満ちた曲で、聴くにはとても楽しいのだが演奏の難易度は高い。作曲者のライバルが当時の空軍バンドにいたため、わざと難しい曲を書いて困らせてやろうとしたのだという伝説が残っているほどだ。次の曲は、アメリカ陸軍航空隊に所属していたサミュエル・バーバーが一九四三年に作曲した『コマンド・マーチ』。東日本大震災の犠牲者を追悼するために選ばれたフランク・ティケリの『レスト』。そしてドワイト大佐の委嘱《いしょく》により米国空軍士官学校の軍楽隊のために作曲されたジュリー・ジローの『ザ・スピード・オブ・ヒート』。この曲は、米空軍の最新型ステルス戦闘機、F－22ラプターの飛行をイメージした、勇壮な曲だ。もちろん、四曲とも完璧に練習を終えている。

大佐の指揮で演奏が始まると、すぐに佳音は緊張を忘れた。おそらく他の隊員たちも同様だったに違いない。合同練習はつつがなく進み、ドワイト大佐が満足げに頷《うなず》いて本日の練習終了を宣言したのは、予定よりずっと早い時刻だった。

「――良かったあ」

真弓クンが涙ぐみそうな顔をして呟き、ぐったりと座り込むのが目の隅に映った。口にも表情にも出さないが、内心は佳音も似たようなものだ。隣でアルトサックスを吹いている渡会など、ドワイト大佐の終了宣言と共に小さくガッツポーズを決めたものだ。

サックスをやっていて良かったと、しみじみ感じるのはこんな時だ。音楽を生業《なりわい》にするというのも大変なことで、音楽家に休日はない。楽器は毎日演奏しないと腕が落ちるし、佳音だって毎日五、六時間は練習する。音楽に関する才能とは、つまり飽きずに続けられる能力ではないかと思うほどだ。ドワイト大佐が笑顔で音楽隊を労《ねぎら》っている。日々の努力は、この一瞬で完璧に報われた気分になる。

拍手とともに練習はお開きとなり、大佐がホールを出ようとした時だった。

するすると、フルートを握った小さな影が大佐の元に駆け寄った。あまりに急な動きだったので、佳音はどきりとして顔を上げた。大佐に付き添っていた諸鹿三尉や、在日米軍基地から派遣されている米国人スタッフも、何事かという表情で少女のような澄川理彩を見つめている。

──何やってるのよ、あの子──！

理彩がまるでお祈りするみたいにフルートを身体の前で握りしめ、緊張感をいっぱいに漂わせながら、たどたどしい英語で大佐に話しかけた。佳音には聞き取れなかったが、ミスター・ナレズニー、という名前だけはどうにか判別できた。どこかで聞いたような名前だったが、すぐには思い出せない。大佐は戸惑った様子ながら、優しい笑顔を崩さずにゆっくり首を振った。理彩が目に見えてしょぼんと肩を落とした。変わった新人の奇妙な行動を、その場にいた誰も咎《とが》めはしなかったが、通訳の諸鹿三尉だけは、不思議そうな眼差しを理彩に注いでいた。

事務室の席に戻って古びたパンフレットが収まったフォルダをひっくり返していると、美樹が物珍しげに近寄ってきた。

本日の合同練習は終了。後は個人練習をするもよし、体力向上のため運動するもよし。本番を三日後に控えて、とにかく楽器に触れていないと落ち着かないという渡会や斉藤のようなタイプは、各個練磨室でまだ練習しているようだ。家庭のある美樹は帰宅するつもりのようで、既に私服に着替えていた。

「何やってるの、佳音」

「ナレズニーって名前、どこかで見た覚えがあるんだよね」

「りさぽんが大佐に質問していた件？」

美樹も気になっていたようだ。諸鹿三尉や在日米軍横田《よこた》基地の担当者がドワイト大佐をホテルまで送って行った後、理彩はさっさと各個練磨室にこもってしまった。大佐に何を話しかけたのか聞こうと思っていたのだが、お預けをくらった気分だ。今夜、女性内務班に戻れば、彼女には男性内務班侵入の件で事情を聞かなければいけない。

しかし、その前に、大佐への唐突な質問といい、澄川理彩には何か秘密が隠されているような気がするのだ。問い詰めるにしても、手持ちのカードは多いにこしたことはない。

「定期演奏会のパンフレットで見たんじゃないかと思いあたって」

航空中央音楽隊の創設記念演奏会が、新宿厚生年金会館で開催されたのは、昭和三十七年。その後、一年たりとも欠けることなく、定期演奏会が続けられている。五十年の歳月を経て、すっかり色褪《あ》せたパンフレットが全て、資料として保存されているのを思い出したのだ。一部ずつ見直していると、歴史の重みがひしひしと伝わってくる。だいたい、その間ただの一度も定期演奏会を休んでいないというのが既に偉業だ。

貴重なパンフレットを汚したり折り曲げたりしないように気を遣いながら、佳音はゆっくりページをめくっていった。

「――あった」

ようやく見つけたのは、昭和四十七年に行われた第十一回定期演奏会の、正方形のパンフレットだった。隊長の「ごあいさつ」の下に、賛助出演者が写真入りで三名掲載されている。

「J・R・ナレズニー少佐――これじゃないかな」

きりりと端整なアメリカ人の顔を見て、詳しい紹介文を探す。ナレズニー少佐は今回のドワイト大佐と同じ客演指揮者で、当時のアメリカ太平洋空軍軍楽隊長だった。バーンスタインの序曲『キャンディード』を指揮したようだ。バーンスタインにしては、そのオペレッタは一般受けしない作品で、興行的には失敗だったそうだが、この序曲は楽しい楽曲で、今でも吹奏楽でよく演奏される。

前年の定期演奏会では、米国の第五空軍軍楽隊が創設十周年記念演奏の一部を担っている。第十一回のこの年も、お祝いの意味で客演指揮がなされたのかもしれない。

「だけど、りさぽんがどうしてこのナレズニー少佐のことを大佐に質問したわけ？」

美樹が軽く腕組みをして首をかしげた。

「それはわからないけど」

パンフレットには、当時指揮をした幹部を始め、演奏会に参加した全ての楽員の氏名も記載されている。実際の演奏には参加しない企画班のメンバーも含めて全員だ。

美樹の意見を聞いてみたかったが、あまり話を広めないほうがいいという安西夫人の指示を思い出して耐えた。美樹に話すと真弓クンにも伝わるかもしれない。真弓クンと理彩は同期なのだ。

美樹が創設記念演奏会のパンフレットを手に取り、しげしげと眺めた。

「昭和三十七年かあ。戦争が終わったのが昭和二十年の夏でしょ。それから十七年後の日本って、どんな状態だったんだろうね」

がさつな美樹でも、感慨深い様子だ。

「『もはや戦後ではない』って経済白書に書かれたの、いつだっけ」

「昭和三十一年だよ、確か」

佳音も美樹も、当然のことながら生まれていない。それどころか、佳音の母親ですら、この世にいたかどうかという頃だった。昭和三十年代なんて、ひところ流行《はや》った映画『ALWAYS三丁目の夕日』を見て、こういう時代だったのかと知ったぐらいのものだ。映画で見る昭和三十年代は、現代の生活と地続きだということが信じられないくらい、隔世《かくせい》の感があった。

ううむ、と美樹が感心したように唸《うな》った。

「私らより、このパンフレットのほうが先輩なんだね」

その言い方が妙に真剣だったので、佳音は吹きだした。

しかし、佳音や美樹たちよりも年下の理彩が、ナレズニー少佐の名前を知っていたなんて、どういうことなんだろうか。

内務班の部屋の作りに、男女の区別はない。個人に割り当てられているのは、ベッドとロッカーに囲まれた小さなスペースだけ。同室者にはプライバシーが筒抜けだが、慣れると気にならない。

自衛官は、毎朝起床するとすぐに、自分でベッドメイクをする。シーツをぴんと張り、毛布の畳み方にも決まりがある。制服につける階級章なども、自分で縫いつけるから裁縫の心得も必要だ。基地の売店には迷彩色のソーイングセットだって売っている。自衛隊に入ると、身の回りのことなどたいていひとりでできるようになる。

「澄川さん、ちょっとそこに座って」

理彩がフルートのケースを提げて部屋に戻ってきたのは、二二〇〇《フタフタマルマル》を過ぎた頃だった。彼女は一瞬、きょとんとこちらを見つめ、素直にベッドに腰を下ろした。佳音はなるべく冷静で先輩らしい表情を見せるように心がける。

「内務班の男子たちから聞いたんだけど」

そう切り出すと、「あちゃあ」という表情になった理彩が、手のひらで軽く額を叩いた。

「――心当たりはあるようね。いったい内務班なんかで何をやってたの」

重々しく尋ねてみたが、理彩は上目づかいにちらりとこちらを見た後は、肩を怒らせて膝の上に手をつき、視線を落として黙り込んでしまった。そんなポーズをとると、妙に頑固そうな雰囲気が漂う。可愛らしい顔立ちをしているが、眉は男の子のように太くしっかりしていて、自衛官らしく走り込んでいるから、丸い身体つきも実は筋肉質だ。

「澄川さん、黙ってちゃわからないんだから。ここに来るまで中部にいたし、内務班の意味を知らないわけでもないわよね。三階に女子が入れないことくらい知ってるでしょう」

佳音は黙り込んだ理彩に業《ごう》を煮やして詰め寄った。

「――黙秘権を行使します」

「はあ？」

ぷい、と横を向いて唇を尖らせた理彩の宣言に、佳音は呆気にとられた。

「その件に関しては、お答えしかねます」

「ちょ、ちょ、ちょっと澄川さん――どういうことよ。黙秘権も、お答えしかねるもないわよ。あなたが男性内務班に何度も入り込んだ理由を聞いてるの。この際、あなたに黙秘権なんかないわよ！」

「ですが、それに関しては答えられません」

回答の内容はともかく、妙に毅然《きぜん》と言い放って背筋を伸ばしている理彩を見て、閃《ひらめ》いた。ははん、と佳音は顎《あご》を上げて二、三度頷く。なるほど、そういうことだったのか。音楽隊に入った時から、やれ不思議少女だの色恋沙汰《ざた》には縁がないだの鈍感だの、さんざん周囲から謂《いわ》れのない誹謗《ひぼう》中傷（と本人は固く信じている）を受け続けてきた自分だが、安西夫人の恋愛沙汰など横で見ていたし、これでも感受性が磨かれてきたのだ。

「澄川さん、あなたひょっとして――内務班に好きな人がいるんじゃないの」

どうだ参ったか。こう見えても先輩なんだから、このくらいはお見通し――と佳音は勝ち誇って微笑んだ。理彩が顔を真っ赤にして、首をぶんぶんと横に振る。

「まさか、冗談じゃありません！」

――いやいや、真っ赤になっている時点で既に怪しい。

「だって好きな人がいたりしたら、恥ずかしくてあんなところに行けませんって！」

「――そういうもの？」

それもそうかと佳音は眉間に皺《しわ》を寄せた。近頃の若い者は何を考えているのやら、さっぱりわからない――と年寄りくさい言葉が脳裏をかすめる。

「それじゃ何なのよ。はっきり言いなさい。言っておくけど、内務班の男子たちが内々にすませてくれているからいいようなものの、こんなことが上官にバレたら、叱られるくらいじゃすまないんだからね。あなた、自衛隊を辞める覚悟はあるの？」

〝テディベア〟を相手に脅迫するのは気が引けるが、この際しかたがない。理彩はさすがにひるんだ様子を見せた。そこまで慎重に考えて内務班に侵入したわけではないのだろう。

「黙秘します！　絶対、絶対――言いません」

理彩が、つんと顎を反らし、黙り込んだ。この新人、自分の立場を理解しているのだろうか、と佳音は呆《あき》れて言葉もない。安西夫人は、後輩の面倒を見てこそ自分が成長できるなどと言っていたが、いくらなんでも自分はここまで理不尽な面倒を安西夫人にかけた記憶はない。さて、この新人——どうしたものだろう。

佳音は自分のベッドに腰を下ろしたまま、ぷいと横を向いた理彩の頑固そうな顔を見て、うんざりしてしまった。

「そういえば、さっきはドワイト大佐にナレズニー少佐のことを尋ねていたよね」

理彩が仰天したような顔をした。古いパンフレットを調べたのも、少しは御利益《ごりやく》があったらしい。

「どうしてそれを」

「あんなに大きな声で尋ねたら、みんなに筒抜けだよ。ナレズニー少佐と言えば、第十一回の定期演奏会で、客演指揮をした米国空軍の人でしょう。大佐に何を聞くつもりだったの？」

理彩が何度か目を瞬《しばたた》いた。大きな目に長いまつ毛で、ばさばさと音がしそうだ。その顔に、いくらか佳音に敬意を払う気配が浮かんだようだ。

「——少佐がお元気かどうか、聞いたんです」

「四十年も前の指揮者のことを？」

理彩がこくりと頷く。

「残念ながら、ドワイト大佐はご存じないようでした」

それはそうだろう。四十年も昔の指揮者と、現役指揮者のあいだにそう接点があるとは思えない。だいいち、米国空軍と言っても広いのだ。

「澄川さんはどうしてナレズニー少佐の消息を知りたかったの？」

ぴくりと理彩の眉が動いた。どうやらこの新人、ポーカーフェースはお手のものだが、眉には感情が現れるらしい。しばしのあいだ、答えを迷うようにひくひくと眉が動いていたが、やがてきっぱりと首を横に振った。

「申し訳ありませんが、そのご質問にも、お答えできません！」

――まったくもう、どうしてくれようか、この新人。

「澄川のほうが上手《うわて》だな」

腕組みして聞いていた渡会が、思いきり気に障《さわ》ることを言ったので、佳音はじろりと睨《にら》んだ。

「よく言うわね。だいたい、内務班に侵入した現場を押さえたあなたたちが、その場できつく叱っておかないからこんなことになるんじゃないの」

「それは俺たちのせいか？　こっちは被害者だぞ。なあ、斉藤」

渡会に助けを求められた斉藤が、力をこめて頷いた。被害者が聞いて呆れる。どうせ、可愛い顔をした新人がふらふら内務班に迷いこんできたので、男子は内心で鼻の下を伸ばしていたに違いないのだ。

「澄川さんは、もう内務班に立ち入らないと約束したんでしょう。事情はわからないけど、ひとまずそれで良しとしてはどうかしら」

この場でもっとも落ち着いている安西夫人が、良識に溢《あふ》れた発言をする。

ドワイト大佐との合同練習二日目も無事終了。昨日は日本に着いたばかりで、時差ボケに悩まされ疲れた様子だった大佐も、今日は朝から生き生きと楽しそうに指揮をしていた。練習時間が長引くこともなく、総じて満足げな様子で合同練習を終えた夕方、二階の練習室に渡会、斉藤、安西夫人たちを呼んで集まってもらったというわけだ。

「とりたてて実害もなかったようだし」

安西夫人のよけいなひと言に、渡会が悶絶《もんぜつ》しそうになった。すぐ赤くなる斉藤は、横を向いて咳払いしている。

「だけど、すごく気になるんですよね。彼女が内務班をうろうろしたり、ナレズニー少佐の消息を尋ねたりする理由が」

「──鳴瀬さん。あなたがトラブルを呼ぶ性格なのは知ってる」

「いやいや、呼んでませんから」

必死で抗弁したが、相手は明らかに聞いていない。安西夫人の頭の中では、鳴瀬佳音は百パーセントのトラブルメーカーなのだ。

「だけどね、時として、あなたのその強すぎる好奇心は問題だと思うわ」

ぎくり——賢明な安西夫人に指摘されると、さすがにちょっとこたえた。不思議なことに出くわすと、どうしてもその理由を突き止めずにはいられない——見ようによっては、自分に無関係なことにまでどんどん首を突っ込んでいく、おせっかいで無神経な人間だ。

「安西さん、確かに鳴瀬は好奇心が強いですが、それがこいつのいいところでもありますから」

渡会が安西夫人に向かって、意外にもこちらをかばうような発言をしたので、佳音は目を丸くした。安西夫人がなぜか面白そうな表情になる。

「まあ、私もそういうの、嫌いじゃないわよ。渡会くん」

安西夫人が意味ありげに微笑み返すと、渡会が急に頬《ほお》を赤く染めた。何だというのだろう、この人たちは。

「——とにかく、演奏会の前に澄川さんの一件が、ひとまずけりがついて良かった。これで落ち着いて演奏会に臨めそうね」

やれやれ一件落着だと、安西夫人に同調しながら席を立つと、窓のブラインドシャッターを閉めようとした斉藤が、こちらに手を振った。

「ねえ、あれ。澄川さんじゃないかな」

一九〇〇《ヒトキユウマルマル》。庁舎の前にもすっかり薄紫色の夕闇が落ちている。広い分屯基地は、豊かな緑に包まれている。庁舎の正面にある駐車場も、天高くそびえる杉の木などに囲まれているのだが、その前をうろうろと行ったり来たりしている小柄な影は、間違いなく澄川理彩だった。熱心に木のてっぺんを見上げている。何をやっているのだろう。

樹木を眺めてため息をついたり、くるりくるりと周囲を歩き回ったりしていた理彩が、石にでもつまずいたらしく、突然ころんと子熊のぬいぐるみのように尻もちをついた。予想外の事態に斉藤が吹きだした。幸い、怪我《けが》はないらしく、すぐに起き上がって土を払うと、またしても樹上を見つめている。

「彼女、何か探してる?」

安西夫人がぽつりと呟く。その言葉に、はっとしたらしい渡会と斉藤が、いっせいに振り返って佳音を見た。安西夫人まで腕組みをしてこちらを振り向く。嫌な予感がした。

「――前言を撤回するわ。こころゆくまで彼女の謎を調査しなさい、鳴瀬さん」

静かに命じられ、佳音は口の中でもごもごと反抗の言葉を発しかけて諦《あきら》めた。なんのかんのと言っても、結局みんな好奇心が強いんじゃないか。

澄川理彩、東京生まれ。小学生の頃からフルートを習っており、都内の中学校で吹奏楽部に入部。高校では全国吹奏楽コンクールで金賞受賞。大学は音大——と恵まれたコースをたどり、昨年航空自衛隊に入隊した。家族や親戚に自衛官はいないようだ。佳音たちが知る理彩のプロフィールは、そんなところだ。

「調査しろと言われても——」

安西夫人が眉間に小さく皺を寄せ、頷いた。

「澄川さんに事情を聞くことができれば、簡単なのよ。だけど、彼女は釈明を拒否したのでしょう」

そうなのだ。しかし、男性内務班に侵入したという汚名を返上するチャンスをふいにしてまで黙秘するとはどういう料簡《りょうけん》だろう。

「彼女、中部航空音楽隊からこっちに来たんだよな。中部にいる時に、何か聞いたとか」

「何かって？」

「ほら、俺たちも前に聞かされたことあるだろ。内務班に出る幽霊の話とか」

「よせよ渡会、俺そういうのマジで苦手なんだから」

渡会と斉藤がぼそぼそ会話を交わしているが、あまり役には立たなさそうだ。安西夫人が外を見て、ぎょっとしたように窓に額を押しつけた。

「ちょっと、あの子！　登っちゃったわよ」

驚いて佳音も窓に飛びついた。靴を脱いで靴下だけになり、作業服姿で杉の木を少しずつ登っていく理彩が見える。冗談ではない。三階建ての音楽隊の庁舎よりも高い木なのだ。しかも、意外と木登りに慣れている。佳音は唖然《あぜん》とした。あれは本当に音楽隊員なのか。身体を鍛えるのが大好きで、ゴリラのようだと佳音が揶揄《やゆ》する渡会の同類なのか。

「信じられん。鳴瀬より変な女がいるとは思わなかった」

佳音の背後で渡会も呆然としている。

「よけいなお世話よ！」

売り言葉に買い言葉で振り向いて反論したが、さらに言い募ろうとした佳音の声は、安西夫人の悲鳴にかき消された。ドキリとして窓に目をやる。澄川理彩の身体が、おもちゃの人形のようにすとんと杉の木から落ちていくのが見えた。最初に反応したのは渡会だった。彼が練習室を飛び出していくと、我に返ったように安西夫人や斉藤も後を追いかけた。

まったく、とんでもないことになったものだ。明後日が定期演奏会の本番だというのに。

「足をくじくぐらいですんで、助かったと思わないと」

安西夫人が叱責《しっせき》しながら濡れタオルを足首に巻いてやると、当直室のベッドに座った理彩が、しょんぼりと頭を垂れた。

彼女が木から落ちたのを見て佳音たちが駆けつけるより早く、彼女を助けたのは、諸鹿三尉だった。ドワイト大佐をホテルまで送った後、また庁舎に戻ってきたところに、ちょうど理彩が落ちてきたというわけだ。

木に足でしがみついたままずるずる滑り落ちたらしく、大事な腕や指には怪我がなかったが、右足を軽くくじいたらしい。当直室に運びこみ、応急手当を施しているところだ。

「どうしてあんなことを？　怪我でもしたらどうするつもりだったんだ」

諸鹿三尉の問いに、理彩はますますうなだれた。

「子どもの頃は毎日木登りしていたので、平気だと思ったんです」

「その頃とは体重が違うでしょ」

佳音も突っ込みたかったことを、安西夫人が容赦なく指摘した。まあまあ、と諸鹿三尉が夫人を宥《なだ》める。

「澄川さんはひょっとして、家族や親戚に音楽隊の経験者がいるんじゃないのか」

彼女の様子を見ていた諸鹿三尉が、さらっと言った。理彩はそれを否定せず、なぜだか力なく肩を落とした。

「――諸鹿さん、どうしてそれを？」

佳音は思わず諸鹿三尉の端整な顔立ちを見つめる。もともとシャープで頭の回転が速い人なのだが、近頃それに磨きがかかっているようだ。

「ナレズニー少佐の名前を知っていたからね。音楽隊員でもなければ、一般に知られた名前ではないし」

「入隊の際に家族や親戚に自衛官がいるかどうかは、チェックしているはずですが」

安西夫人の疑問ももっともだ。

親が自衛官だったので自衛隊を目指したという自衛官は多い。しかし音楽隊ではまだ聞いたことがない。だいいちそれなら、入隊の際にわかっているはずだ。

「第十一回定期演奏会の頃には女性隊員はいなかったはずだから、年齢的に考えて澄川さんのお祖父《じい》さんが音楽隊員だったんじゃないのかな」

「私もそれは疑ったんですけど、いろいろ彼女の同期や上官たちに聞いてみたら父方のお祖父さんは商社マンで、母方のお祖父さんは建築会社の社長さんだそうですけど」

安西夫人はまだ納得していないようだ。

「澄川さんに聞いてみようよ」

諸鹿の言葉に、理彩が頭を下げた。

「それ、今の父のことです。私の母は、私が小学生の時に一度離婚したので」

理彩の実の両親は、彼女が十歳の頃に離婚したそうだ。彼女は母親に引き取られ、母親は数年後に再婚した。澄川という姓は今の父親の名前なのだ。なるほど気がつかなかったはずだ。

「実の父のお父さん——血がつながった私のお祖父ちゃんは、航空中央音楽隊の創設時のメンバーなんです。その話をするには、両親の離婚とかややこしい話から始めないといけないので、ずっと黙ってました」

へえ、と佳音たちは声を上げた。親子そろって音楽隊、というのは今まで一度もなかったのだが、こんなところに祖父と孫がそろって音楽隊というケースが隠れていたとは。

「両親が離婚する前は、よく埼玉にある父方の祖父母の家に遊びに行っていたので、たくさん当時の話を聞いたんですよ」

それはなかなか羨《うらや》ましい環境だ。そう考えて、佳音は身を乗りだした。渡会も同じように興味を惹かれたのか、前のめりになった彼と肘《ひじ》が軽く触れ合った。

「あ、悪い！」

慌てて渡会が腕を引っ込める。なぜか安西夫人が色っぽい流し目をくれた。

航空自衛隊の音楽隊は、昭和三十年に浜松基地で立ち上げられた音楽クラブが基礎になっている。当時、陸上自衛隊や海上自衛隊には音楽隊が存在したが、航空自衛隊にはまだなかった。そもそも陸自や海自は旧帝国陸軍や海軍にルーツを持つが、帝国空軍というものは存在しなかったので、航空自衛隊は戦後新たに生まれた若い組織だった。航空自衛隊にも音楽隊を作ろうという機運が徐々に高まったのもこの頃だ。

昭和三十二年には、陸上自衛隊の音楽隊から三名の転官者を迎え、正規の音楽要員として活動が始まる。当初は広報の音楽要員という位置づけだったが、昭和三十三年の一月に音楽隊として仮編成された。当時は新設の音楽隊として、陸自や海自の音楽隊に追いつき、いつか追い越すことを目標に、しゃにむに努力したのだと聞いている。

「お祖父ちゃんはトランペット奏者でした。クラリネット奏者なんかは入れ替わりが激しかったらしいですけど、お祖父ちゃんは立ち上げ当初から昭和五十八年に定年で退官するまで、ずっとトランペットで通したそうです」

「りさぽんが生まれた頃には、もう定年を迎えた後だったってことだよね」

佳音は相手の年齢から暗算して口を挟む。

「そうです。でも楽器はずっと吹いていたので、私が遊びに行くと教えてくれたりして」

いいなあ、と佳音はうっとりとその情景を思い浮かべた。音楽隊にいた祖父から、じかに音楽を教わる孫娘。自分の家族も音楽好きだったので、子どもの頃は自宅に帰ると誰かがレコードをかけていた。理彩は祖父のトランペットで育ち、フルートを習ったのか。

「だけど、両親が離婚してしまった後は、お祖父ちゃんの家に遊びに行くこともできなくなってしまって。今でも実の父とは時々会うことがあるんですけど」

いつも楽天的で元気な理彩だが、この時ばかりは憂いに沈んだ表情になった。能天気な後輩だとばかり決めつけていた彼女の、意外な一面だ。その状況では確かに、祖父母に会う機会は減るかもしれない。

「だけど——たとえご両親が離婚したとしても、実のお祖父さんなんだからさ。べつに遊びに行ったたって」

佳音が励ますつもりで口を挟むと、安西夫人がこちらを見て、たしなめるように首を横に振った。理彩が困ったように微笑む。

「ありがとうございます。おっしゃるとおりなんですけど、母の気持ちもあるし、母が再婚して新しいお父さんができると、なかなか——」

ずきりと胸が痛み、恥ずかしさにいたたまれなくなる。後輩の理彩のほうが、自分よりずっと周囲の感情に敏感だ。おそらく、敏感にならざるをえない環境で子ども時代を過ごしたのだろう。

面倒をかける後輩がいて、やっと自分も成長できるんだから感謝しろと安西夫人に諭されたのを思い出す。なんのことはない、理彩のほうがずっと大人じゃないか。

「ナレズニー少佐のことは、お祖父さんから聞いてたのね」

安西夫人が何事もなかったように尋ねた。

「そうなんです。お祖父ちゃんには米空軍の音楽隊や、その指揮者が印象強かったみたいで。何度か話を聞いていたので、今でもご健在かどうか知りたくなって」

「それじゃ、りさぽんはそのお祖父さんを追いかける形で音楽隊に入ったわけ？」

こくり、と理彩が照れくさそうに頷く。それを見た瞬間、佳音にも直感で伝わった。

――このコ、音楽隊に入ったこと、まだお祖父さんに伝えてないんだ。

「でもそれって、澄川さんが木に登った理由にはなってないわよね」

冷静な安西夫人が鋭く突っ込む。

「あの木は、音楽隊の創設を記念して植樹されたものじゃなかったかな」

諸鹿三尉が、窓から先ほどの杉の木に視線を送る。そういえば、昨年は五十周年を記念して河津櫻《かわづざくら》という品種の桜を植樹した。ふだんあまり意識することはなかったが、同じように節目に記念植樹された木だったのか。

「ひょっとして――澄川が内務班に侵入したのは、窓からあの木を見るためか？」

思いついたように渡会が尋ねると、諸鹿三尉が大きく眉を撥ね上げた。この場で事件について知らなかったのは彼だけだ。幹部の前でうかつに秘密を口にした渡会が、しまったという表情になる。

「それは――」

進退窮《きわ》まった様子で理彩が膝を正した時、当直室の扉ががらりと開き、鷲尾二尉と美樹がひょいと顔を覗かせた。

「おまえたち、こんなところで何をやってるんだ？」

諸鹿三尉を始め、安西夫人や渡会たち、佳音――そして新人。見るからに不思議な状況だ。佳音は首をすくめて安西夫人と顔を見合わせた。

「佳音、準備はいいわね」

「大丈夫。真弓クン、おなかの調子は？」

「なんとかＯＫっす」

バスの中で、美樹たちとお互いの状況をチェックしあう。真弓クンが右手の人差指と親指で丸をつくって苦しげに返事する。

「りさぽんも大丈夫ね？」

「はい！　大丈夫です！」

一昨日のしょげかえった態度はどこへやら、澄川理彩は今朝も元気いっぱいだ。

――いよいよ、その日が来てしまった。

航空中央音楽隊専属の大型バスが、東京文化会館の前に横付けされる。佳音は否応《いやおう》なく胸を高鳴らせながら、楽器を抱えてぞろぞろバスを降りる隊員たちに続いた。楽屋入り口から文化会館に入場する自分たちを、上野《うえの》駅前を歩く人たちが見送っている。ここ十年近く、定期演奏会はすみだトリフォニーホールで開催しており、東京文化会館の定期演奏会は初めてだ。航空中央音楽隊の演奏服は、昨年の十月、航空観閲式の時から新しいデザインに切り替わった。以前よりも濃い紺色になり、装飾は演奏の邪魔にならないよう、シンプルになった。

「五十周年に立ち会える機会なんて、思えばそうそうないよね」

佳音が洩らした感想に、美樹が感慨深げに頷いた。

「私たち、このタイミングで在籍できてラッキーだったかも」

開演時刻の一九〇〇《ヒトキユウマルマル》になれば、定員二千三百余名のホールを観客がびっしりと埋め尽くすことになるだろう。武者震いするような感覚だ。

音楽隊の立ち上げから、五十年。残念ながら佳音には、その実感が湧《わ》かない。なにしろ、自分が入隊してからまだ十年にもならないのだ。

大きなイベントなので、防衛省航空幕僚監部の広報室からも制服姿の応援が大勢駆けつけてくれている。彼らは来場者受付を担当したり、この日のために製作したポスターやパンフレットを配布する準備をしたりと、音楽隊が演奏活動に集中できるよう、周辺の雑務を引き受けてくれている。会場の大きさを見ただけでも、準備の大変さがわかるというもの。昼食ひとつとってみても、今回は近くの弁当屋さんに人数分の弁当を注文したのだ。配達された大量の弁当を楽屋に運び込むだけでもたいした作業量だ。

広報担当の鷲尾二尉が急ぎ足で歩いてくるのを見て、佳音は足早に近付いた。

「鷲尾さん、例の件はどうでしたか」

「大丈夫。出席の返事を受け取っているから。座席番号はこれだよ」

それだけ答えて、メモ用紙を渡すと鷲尾二尉は立ち去っていく。佳音は小さくため息をついた。おせっかいだと、理彩に思われるかもしれない。しかし、どうしてもこのまま放っておけないのだからしかたがない。

「あんたも損な性格だよね」

美樹がぼやくように口にした。ただ、その口調に毒はない。損な性格だという美樹だって、立場が変われば佳音と同じことをやるだろう。理彩の内務班侵入事件についてぎりぎりまで彼女に相談しなかったことで、しばらくふてくされていたのは美樹自身だ。理彩の将来を慮《おもんぱか》って安西夫人に止められたのだと説明して、ようやく納得してくれたのだが。

「言わないでよ。自覚はあるんだから」

定期演奏会には、音楽隊のOBに対しても招待状を送っている。澄川理彩の祖父、野村《のむら》杜夫《もりお》は、出席すると葉書を返してきた。つまり、今日彼は、理彩が出演しているとは知らずに、孫娘の晴れ姿を見守ることになるのだ。

理彩はいまだに、母親や新しい父親とその実家に気を遣っていて、野村と連絡を取るのを控えているようだった。そこまで気を遣わなくても、と歯がゆく思うのは部外者の勝手な感想なのだろう。

リハーサルはまず副隊長が指揮をする第一部から始まり、その後、記念写真の撮影を挟んで、ドワイト大佐による第二部が行われる予定だ。本番に向けて完璧な調整が済んでいるが、最後まで気を抜くことはできない。

「すぐ戻るから」

佳音は着替えや小物の入った鞄の中から、封筒を一枚出して小走りに駆けだした。背後で、美樹が呆れたように嘆息するのが聞こえた。

演奏会の二時間あまりは、夢の中の出来事のように、無我夢中のうちに過ぎていった。

スポットライトや照明で熱いくらいのステージから見る客席は、鷲尾二尉が開演前にやや興奮気味に囁《ささや》いたとおり、ほぼ満席。二千三百名近い観客の拍手がホールに轟《とどろ》く。

演奏会は、爽《さわ》やかで軽快な行進曲『ブルー・インパルス』で幕を開けた。演奏中は、ひたすら曲に集中する。集中力がとぎれたら終わりだ。副隊長指揮による第一部、ドワイト大佐の指揮による第二部と演目は進み、アンコールで、航空自衛隊の公式行進曲『空の精鋭』を華々しく披露して終了するまでが、あっという間だった。時間の経過を惜しむ暇もない。

隊長や副隊長と並んだドワイト大佐が、銀色の頭を客席に向かって下げるのを見て、ようやくこれで終わったんだという実感がじわじわと湧いてきた。数か月にわたる努力が、この一日に結実する。ほんの数時間の栄誉のために、長い月日を費やす。思えば、なんと贅沢《ぜいたく》なことだろう。

ステージから、客席に座ったひとりひとりはほとんど判別できない。佳音は二階席を見上げた。中央左寄りの席に、理彩の祖父が来ているはずだ。彼の席は指定席なので、リハーサル前に抜け出して、準備した手紙を座席に貼り付けておいた。見てくれただろうか。手紙と言っても、よけいな言葉でわずらわせたくなかったので、演奏服姿の理彩がフルートを吹いている写真を一枚、封筒に入れておいただけだった。十年以上会っていないそうだが、面影は残っているに違いない。あれで、きっとわかってくれたはずだと信じている。

演奏会が始まる前、祖父の座席番号を聞きたいかと理彩に尋ねた。

「――いいえ。教えないでくださいね」

理彩は大きな目を瞠《みは》り、悪戯そうな微笑を浮かべた。

「だって聞いちゃったら私、ひとりのために演奏してしまうので」

その理彩は、今フルートの席で安西夫人の隣に立ち、眩しそうに目を細めて客席を見渡している。丸いほっぺたが、ほのかに上気している。

――やったね。

そう声をかけてやりたくなる。祖父と孫、二世代でこんな晴れ舞台に立つなんて。五十年前に初めて創設記念演奏会の舞台に立った楽員たちも、こんな気分だったのだろうか。いや、彼らはもっと晴れがましい気持ちだったかもしれない。

楽器を抱えて静かにステージから退場する。解放感と、かすかな疲労さえも心地良い。向こうで渡会が斉藤とハイタッチを交わし、佳音の視線に気づくと、ぐいと親指をこちらに立てて見せた。佳音もつられて笑顔を返す。

「澄川さん、ちょっと」

ステージの袖に鷲尾二尉が待っていて、くじいた足を少し引きずりながら退場した理彩を呼んだ。口早に何ごとか告げ、彼女を連れ出す鷲尾二尉の背中を見て、もしや——と思い当たることがあった。

「ちょい待ち、佳音」

彼らの後を追いかけようとした佳音の背中に、美樹の声が降ってくる。振り返ると、思いがけず美樹が真面目な顔をしていた。ふだんは賑《にぎ》やかで、面倒見はいいけれど、意外とがさつな美樹は、時々びっくりするほど大人の顔をする。

「これ以上は、そっとしておいたほうがいいんじゃないかな。家族の問題なんだし、しょせん私たちの出る幕じゃないよ」

「うん——そうなんだけど」

どうしてこんなに放っておけないんだろう。幼いようでしっかり者の理彩のことが、実はけっこう心配だからということもある。しかし、自分が理彩の話に惹《ひ》かれたのは、別の理由だと思う。

——五十年前に、音楽隊を立ち上げてくれてありがとう——。

佳音たちが生まれる前に、音楽隊を立ち上げるため奮闘してくれた人たちがいたおかげで、いま自分たちはここにいられる。理彩の話を聞いて、五十年前と現在とが、一本の道でつながったような気がする。

「まあ、ちょっと様子を見るくらいなら、いいけどさ」

佳音の逡巡《しゅんじゅん》を見透かしたように、美樹が小さく肩をすくめ、先に立ってステージ脇から楽屋に続く廊下に出た。廊下の向こうに、鷲尾二尉と理彩の背中が見える。その向こうに、すらりと姿勢のいい男性のシルエット。理彩に気づいたらしい彼が、かぶっていた中折れ帽をとって会釈するのが見えた。理彩が弾む足取りで駆けだしていく。こちらからは聞こえないけれど、鷲尾二尉がふたことみこと声をかけて、そっと立ち去る。

スマートで長身の男性と、小柄な理彩のシルエットが近付くのを見届けて、佳音たちもその場を離れて女性用の楽屋に入った。あれだけ目にすればもう充分だ。

演奏会も無事に終了し、心の底からほっとした。美樹は何も言わずに自分の楽器を片付け始める。分解して丁寧に水分を拭き取り、ケースに納めていくのだ。手順も決まっている。すっかり手慣れて、まるで何かの儀式のようだ。佳音はなんだか放心状態で、美樹の手際の良さに見とれながら、ぼんやり座ったまま着替えることも忘れていた。後から楽屋に戻ってきた安西夫人が、佳音の隣に腰を下ろす。

「会えたみたいね。澄川さん」

安西夫人の声が天女のようにまろやかで、佳音はうっとり頷いた。

「これ、諸鹿三尉が古い録音テープを探しだしてくれたの」

安西夫人が鞄の中から大切そうに取り出した、古色蒼然《こしょくそうぜん》たるカセットテープに目をやる。ケースの背中に、「航空中央音楽隊　昭和五十一年」などと書かれている。いくつかある曲目の中に、佳音は『ラッパ吹きの休日』を見つけた。一九五四年にアメリカのルロイ・アンダーソンという作曲家が発表した。別名を『トランペット吹きの休日』ともいうとおり、全編トランペットが主役の、軽快かつ元気のいい曲だ。運動会ではリレーなどにかかる定番の曲として流れることが多いから、曲を聴けば知らない人のほうが少ないだろう。ただし、「休日」と名付けられたわりには、最初から最後までトランペットがフルに働かねばならない曲だ。

「それじゃ、もしかしてこれ」

理彩の祖父はトランペット奏者だった。

「澄川さんのお祖父さんの演奏が入ってるそうよ。諸鹿三尉がCDにコピーしてくれたから、さっき澄川さんに一枚あげたわ。私たちも後で聴きましょうね」

わあ、と言いながら美樹も近付いてきた。まったく、諸鹿三尉はどこまで気がきく人なのだろう。

片づけをしている最中に、理彩が慌てて飛び込んできた。

「遅くなってすみません！」

理彩は目の縁がうっすら赤くなっていたが、表情は何かふっきれたように明るくさっぱりしている。お祖父さんとちゃんと話せたのかな、と色々聞いてみたいこともあったが、それこそよけいなお世話だろう。子どもじゃないんだから。

「さあ、着替えて片付けたら撤収するわよ」

素早く演奏服から制服に着替えた安西夫人が、パンパンと手のひらをたたいた。

「はいっ」

ティンパニーやベースなどの大型楽器はトラックで送り返し、小型の楽器と音楽隊員は、いつものようにバスで立川に戻るのだ。ホールや楽屋、入場受付などの片付けもある。今回は手伝ってくれる人も多いとはいえ、仕事が山盛りだ。ぼんやりしている暇はない。

「鳴瀬、いいか？」

楽屋の扉をノックして、顔を見せたのは渡会だった。

「どうしたの？」

「庁舎に帰ったら、澄川と二階の合同練習室で待っててくれ。見せたいものがあるんだ」

渡会はそれだけ言うとそそくさと仕事に戻ってしまった。いったい何だろう。

「それで、見せたいものって何？」

二一〇〇《フタヒトマルマル》に終演し、後片付けを終えて立川まで戻ると、すっかり深夜になってしまった。分屯基地内の内務班に帰る独身者や、近くの宿舎に帰る隊員はいいが、美樹のように離れた場所に自宅がある人間はたいへんだ。それでも、佳音の話を聞いた美樹は、帰宅がタクシーになってもと、興味津々で居残っている。

「――なんでこんなに大勢いるんですか」

練習室に入るなり、渡会がびっくりしたように室内を見回す。佳音は小さく唸った。

「だって、いつの間にか関係者が増えちゃったんだもん」

当事者の澄川理彩はともかく、安西夫人に吉川美樹。それに鷲尾二尉と諸鹿三尉まで手《て》持無沙汰《もちぶさた》に待っているのだ。

「何の話だか知らないが、僕らも聞いておいたほうがいいんじゃないかと思って」

「そうだよ。ここまで関わったんだから」

理彩が木から落ちて足をくじいた現場に居合わせた諸鹿三尉や、その後、当直室で騒いでいる彼らを怪しんで様子を見に来た鷲尾二尉は、お目付役の気分でいるようだ。

「まあ、鷲尾さんや諸鹿さんには、同席してもらったほうがいいかも……」

日ごろ他人の思惑になど無頓着《むとんちゃく》に見える渡会が、困惑を無理に押し隠すようにもごもごと呟いた。

「それじゃ見せたいものがあるんで、三階に来てください」

驚いて佳音は美樹と顔を見合わせた。なにしろ、航空中央音楽隊に配属されて七年は経つのに、一度も入ったことのない禁断のフロアだ。

「俺たちがエスコートしますから、女子が立ち入っても問題ないですよね、鷲尾さん」

全員の視線が集まり、鷲尾二尉は咳払いをひとつした。

「あまり推奨できたことではないが、事情があるなら特別に認める。俺たちも同行するから問題ない。隊長には事後報告しておくよ」

これはどうやら、初の男性内務班探検になりそうだ。ひそかに心躍らせたのがばれたのか、安西夫人がたしなめるような視線を投げかける。黙っていても心を読むサトリという森の怪人がいるそうだが、夫人はまるでそのサトリのようだ。

「ど、どうしてバレたんですか、夫人」

「あなたは全部顔に出るのよ、鳴瀬さん」

——この素直すぎる性格が恨めしい。

戸惑っている理彩の背中を押して、階段を上がらせた。渡会はさっさと先に立ち、三階まで脇目もふらず昇っていく。廊下で斉藤が待っていた。内務班には他にも独身男性隊員が何人かいるのだが、渡会たちに言い含められているのか、姿を見せない。

「へえ、こんなふうになってるんだ」

「女性内務班とそんなに変わらないよね。あっ、あっちが洗濯室かな」

美樹と一緒になってきょろきょろと内部を見回すと、渡会が苦笑まじりに「こっちだ」と一番奥の部屋に先導した。

「ここ、渡会と僕がいる部屋だから」

斉藤が後に続き、教えてくれる。四人部屋のひとつだった。室内は男性ばかり四人で生活しているとは思えないほどきちんと整頓されているが、これは自衛官ならではの光景かもしれない。

「あまり部屋の中をじろじろ見ないように」

佳音が興味津々で眺めていると、渡会が頬を赤らめて咳払いした。佳音が口を尖らせて文句を言うより先に、大型の懐中電灯を握って窓に近づき、真っ暗な外を透かし見て、理彩を手招きした。

「今朝、俺が木に登ってみて見つけたんだ。澄川、見てろよ」

そう言いながら、懐中電灯を外に向けて照らす。

「――あ」

何か光った。よく見れば、渡会が光を向けたのは、先日理彩が登ろうとして落ちた杉の木だ。三階の窓より少し高いあたりに、光を浴びてきらりと輝くものが見えた。

「暗いから見えにくいと思うけど、お前が探してたの、あれじゃないか？」

理彩が窓ガラスに額を押し付けるようにして、輝く物体を見ようとしている。ほら、と声をかけて、斉藤が双眼鏡を渡してやった。かぶりつくように双眼鏡を覗く理彩の背中が、かすかに震えているようだ。

「あれ何なの？」

佳音は満足げに外を眺めている渡会に尋ねた。

「――お祖父ちゃんの、若い頃の悪戯です」

理彩が代わりに答える。震えていると思った背中は、どうやら小さく笑っていたらしい。無邪気な笑顔で彼女は双眼鏡をこちらに押し付けた。

「見てください、あれ」

光っているものにピントを合わせると、ようやく形が見えてきた。

「何あれ、トランペット――？」

「手のひらに載るくらいの、おもちゃのトランペットのはずなんですけど」

美樹が背中をつついてせっつくので、佳音はすぐに双眼鏡を渡して交代した。なんのかんのと言うが、みんな好奇心が旺盛だ。安西夫人も、鷲尾二尉たちも、次々に交代で双眼鏡を覗いた。

「うちのお祖父ちゃん、港町の神戸《こうべ》で生まれたんです。船が好きだったので海上自衛隊に入ろうと思ったのが、何かの手違いで航空自衛隊に入って、最初は整備士の資格を取る勉強をしていたんですって」

ぽつりぽつりと話し始めた理彩に、美樹が思い出したように頷いた。

「そっか、当時は音楽隊を目指して入隊する人なんていなかったもんね」

「そうなんですよ。ところが、整備士の勉強がどうも面白くなくて、辞めようかなと考えているところに音楽隊立ち上げの話があったんです」

昭和三十年代と聞いて佳音が想像していたより、ずっと音楽的に豊潤な生活が理彩の口から語られた。戦前からアコーディオンを弾き、兄がクラシック音楽のレコードを集め、姉がタンゴを踊っていたこと。自衛隊に入ってからは、同好の士が集まって浜松で音楽クラブを立ち上げたと聞き、すぐさま参加してトランペットを吹いたこと。

「音楽クラブを音楽隊に格上げすると決まった時、プロとしてやっていく気がなくてクラブを離れた人も大勢いたそうですけど、うちのお祖父ちゃんはとにかく負けず嫌いで」

理彩が語りながらくすりと笑う。

当時既に音楽隊を持っていた陸上自衛隊や海上自衛隊の指導を仰ぎ、楽譜も写させてもらうなど、生みの苦労をさんざん味わいながら、腕を磨いたのだという。

「自衛隊の内務班にいれば、食事も住居費も光熱費も必要ないじゃないですか。だから、お給料の半分をトランペットのレッスン費用に注ぎこんで、残りの半分を飲んじゃったんですって」

給料の半分を酒に使ったと聞き、渡会がいかにもうらやましそうな顔をした。

「独身時代しかできないよな、そういう無茶は」

――いや、感心すべきはそこじゃないだろう。自腹を切ってレッスンを受けたという点じゃないのか。

このゴリラめ、と佳音は隣にいる渡会を軽く睨む。

「――で、あのおもちゃのトランペットは？」

安西夫人が好奇心を抑えかねたように尋ねた。

「第十一回の定期演奏会の時に、米軍のナレズニー少佐が客演指揮をして、自分の演奏はまだまだだと悔しく思ったんですって。もっとうまくなりたいと思って、浅草で見つけたトランペットのおもちゃを、音楽隊を創設した年に植樹した木の洞《うろ》に入れて、技術向上のお守りにしたっていうんですけど――」

「いや、あれどう見ても木の中に埋まってるよね」

諸鹿三尉がどこか楽しそうに口を挟む。そうなのだ。先ほど佳音も双眼鏡で覗いて気がついたのだが、長い歳月の間に樹皮が金属のトランペットを異物と認識したようで、ほとんど木の中に巻き込んでしまっている。だからこそ、こんなに長い年月が経過しても、落ちたり風に飛ばされたりもせずに残ったのかもしれない。

「木に登った時に、俺が少しだけ樹皮を削りました。ほとんど見えなくなっていたので」

渡会が神妙に口を挟む。登ったというのは本当だったのかと、佳音は呆れた。

——ゴリラめ。

「木はどんどん伸びていくし、年数から考えて、このへんまでは来てるんじゃないかと思って」

理彩が感慨深げにおもちゃのトランペットを見上げた。

だから三階に上がって、男性内務班だということを承知のうえで、祖父が残したトランペットを探していたのか。すっかり樹皮に巻き込まれ、風雨にさらされて金色のメッキは剝《は》げ、金属製の肌が剝《む》き出しになったために、肉眼では判別しにくくなっている。何度も内務班に侵入して探すうちに自分が見つかってしまったというわけだ。

「——五十年かあ」

佳音はため息をついた。五十年とはなんと長く、なんと短いものだろう。自分たちも、ふと気がつくといつの間にか五十年くらい経っていた、なんてことになりかねない。

「あと二十年くらい経っても、あのトランペットはまだあそこにあるかしら」

安西夫人が口元に淡い微笑を浮かべて、夢見るような表情になる。

「あるんじゃないでしょうか」

たぶん、あの木が病気にでもなって枯れてしまわない限り。安西夫人はおそらく無意識のうちに、お腹に手を当てて愛《いと》おしげに撫《な》でていた。

「残っていてもらわないと。私、この子が産まれたら、楽器を習わせるつもりなのよ。そのうち音楽隊に入りたいなんて言いだすかも」

「夫人、それはまた遠大な野望ですね！」

佳音の言葉に安西夫人が不敵に笑う。この人ならきっとやる。言行一致《げんこういっち》だ。

この窓から自分が埋めたトランペットを眺めて精進《しょうじん》を誓った理彩の祖父と、遥《はる》かな未来にこの窓から杉の木を見つめる安西夫人の子どもとが、時空を超えて自分たちのすぐそばにいるような感覚がした。

理彩の祖父たちのおかげで自分が今こうしていられるように、五十年後の誰かのために、自分も大切なものを残したい。

「──しまった、もうこんな時間だ。明日はドワイト大佐の歓迎会だからな。絶対に遅れないように」

鷲尾二尉が時計に目を落とし、思い出したように告げた。ここしばらく、休日返上で演奏会の準備を進めてきたので、本来なら明日は代休なのだが、ワシントンDCからわざわざ来てくれたドワイト大佐のために、午後から歓迎会を催す予定になっている。

「あらほんと。そろそろ帰らないと」

基地の外に自宅がある安西夫人や美樹たちが、慌て始める。この時刻ならもう電車は動いていないので、タクシーを呼ぶか車で迎えに来てもらうしかないだろう。

理彩が窓際に立ち、勢いよく頭を下げた。

「皆さん本当に、いろいろとありがとうございました！」

羨ましいほどすがすがしい挨拶に、佳音は思わず笑みがこぼれた。渡会と斉藤が、照れたように鼻の頭を撫でている。

「──渡会、りさぽんのトランペット、見つけてくれてありがとう」

階段を降りながら、隣に立った渡会に声をかける。彼はちょっぴり照れたようだ。

「あんなものが目の前にあっても、意外と気がつかないもんだな」

「そういうものかもね。なんか、童話の『青い鳥』を思い出しちゃったよ。ほら、目の前にある幸せに気がつかないってやつ」

渡会がこちらを意地の悪い目つきで見た。

「――へえ、そいつはまた。鈍感な誰かさんにそっくりだな」

どういう嫌味だろう。佳音が言い返す前に、安西夫人がぷっと吹きだしている。どうやら美樹も笑いをこらえているようだ。

「なんですか、夫人？　なによ美樹まで？　ねえねえ、何がおかしいのか教えてよ――」

航空中央音楽隊の夜は更《ふ》けていく。

新しい五十年は、始まったばかりだ。

●取材ノート

航空自衛隊の音楽隊は、こんなところです!

福田《ふくだ》　和代《かずよ》

皆さま、こんにちは。福田和代です。

今日は、読者の皆さまとご一緒に、東京は立川市にある航空自衛隊航空中央音楽隊を、特別に訪問してみたいと思います。

それでは、準備はよろしいですか?　さあ、レッツ・ゴー!


♪


JR立川駅からバスで十分。陸上自衛隊東立川駐屯地の敷地の中に、航空中央音楽隊の庁舎も建っています。敷地の出入り口を警備するのは、迷彩服姿の陸上自衛官――自衛隊の駐屯地に入るんだなあという実感がひしひしと湧いてきますよね。

面会申請を出し、私ひとりでうろうろしていたら迷子になるかも?　と思うくらい広い駐屯地の中を進んでいくと――あっ、ありました。濃いブルーの大型バスが手前に停車した、三階建の建物が見えてきましたよ。音楽隊の隊員さんたちは、この専用バスに乗って演奏会場に出張するんですね。イベント会場の近くによく停まっているので、各種イベントに参加される時には要チェックです。ベージュと小豆色に塗り分けられた三階建の建物のファサードには、「航空中央音楽隊」と隊名が書かれています。

玄関をくぐると、まずは音楽隊の歴史を紹介する記念品やグッズの展示コーナーが迎えてくれます。一九六四年の東京オリンピックから使われているコスチュームや記念品、一九九九年、カナダのハリファックス市で行われたノヴァスコシア国際軍楽祭、二〇〇六年、韓国でのウォンジュ国際軍楽祭に参加した時の記念品などもあります。東京オリンピックの頃は、私まだ生まれてなかったなあ……。二〇〇七年にタカラトミーから発売されたフィギュア「それゆけ!女性自衛官」の、音楽隊をモデルにしたタイプもずらりと並んでいて、ポーズがとっても可愛い!　これまでに航空中央音楽隊が録音したCDも多数飾られていますよ。

庁舎の中には、しっかり防音を施された個人練習室や、合同で演奏するための合奏場、録音ミキサー室など、音楽隊らしい設備をはじめ、隊長室や、隊員たちが演奏以外のお仕事をするための事務室、当直が寝泊まりする当直室等もあります。音楽隊では、演奏活動そのもの以外にも、コンサートの企画や、隊の運営に関わるお仕事を自分たちでこなすのだそうです。

圧巻は、小説にも登場する楽譜庫でしょうか。これまでに音楽隊で演奏された全ての曲の楽譜が集められ、きれいに整理されているのです。五十年間に演奏された楽譜ですから、それはもう、壮観ですよ〜。

ちょっと珍しいのが、庁舎の三階。三階の一部は、独身の男性隊員が居住する内務班（独身寮のようなもの）になっています。すごい職住近接ですね！

音楽隊の方にインタビューして強い印象を受けたのは、彼らは音楽隊の隊員でもありますが、その前にまず自衛官なんだということでした。だから、とにかく姿勢がいいです。常に背中がぴんっと伸びているのです。そしてうらやましいくらい健康的。基地の中をランニングするんですよ。一流の演奏家で、かつ自衛官という、ギャップがおおいに魅力的ですね。私も走ろうかなあ！

♪

陸・海・空の自衛隊は、それぞれ独自の音楽隊を抱えています。航空自衛隊には五つの音楽隊（航空中央音楽隊、北部航空音楽隊、中部航空音楽隊、西部航空音楽隊、南西航空音楽隊）があり、中でも活動が日本全土にわたり、中心的な役割を果たしているのが航空中央音楽隊です。帝国陸軍・海軍の流れをくむ陸自・海自は、古くから音楽隊を持っていたそうですが、空自は戦後新たにできた組織で、一九六一年に音楽隊（当時は航空音楽隊）が創設され、去る二〇一一年にはめでたく五十周年を迎えました。小説の中にも登場する創立五十周年記念の定期演奏会は、東日本大震災への対応で延期になり、二〇一二年の三月二十一日に開催されました。アメリカ空軍（ワシントンD．C．）軍楽隊長のラリー・ラング大佐を第二部の客演指揮に迎え、五十年という時の流れに思いを馳せる、たいへん感動的な演奏会となりました。

音楽隊のお仕事は多岐にわたりますが、とりわけ重要なのが、国家行事における演奏や、外国からの要人を迎えて行われる式典での演奏です。今上天皇即位の礼、皇太子御成婚パレード、東京オリンピック、観閲式などが代表的な例でしょうか。大相撲の表彰式で演奏する曲はテレビでも流れますよね。

隊員の士気を振作する、つまり奮い立たせることも音楽隊のお仕事です。くわえて、広報活動。基地で開催される航空祭で演奏を聞かれた方もおられるでしょう。陸・

海・空自衛隊の音楽隊が合同で演奏する〈自衛隊音楽まつり〉や、年一回定期的に開催される航空中央音楽隊の定期演奏会、全国各地で不定期に開催される〈ふれあいコンサート〉や〈クリスマスコンサート〉などの広報活動も数多く、年間およそ百回にもおよぶ演奏活動を行っているそうです。この演奏回数の多さは、なかなか類がないのではないでしょうか。

日本武道館で開催した「自衛隊音楽まつり」。航空、陸上、海上の3音楽隊が合同で演奏するのが見もの。新しい航空自衛隊航空中央音楽隊の演奏服を披露しました。実は、航空観閲式に続き2回目です。(2011年 11月)

東日本大震災後、福島県田村市役所大越行政局前で行った慰問演奏です。この日は2か所でアンサンブル演奏を行い、130名の方に聴いていただきました。航空中央音楽隊は福島、宮城で13件の慰問演奏を行いました。(2011年 4月)

東日本大震災の後、航空中央音楽隊と一部の方面音楽隊は、東北地方の小学校や保育園、避難所などを回り慰問演奏を行ったそうです。演奏活動以外に、がれき撤去や給水などの復旧支援活動にも参加したのだとか。避難所での演奏は、最初はフルートなど音色の優しい楽器のみの少人数で編成し、少しずつ楽器を増やしていったのだと聞きました。音楽の力を感じさせる写真が、航空中央音楽隊のホームページに掲載されています。

演奏の曲目は、定期演奏会などで演奏されるクラシックな曲から、〈ふれあいコンサート〉などで演奏されるジャズやポップスなどまで幅広く、ジャンルを問いません。一九九二年には、すぐれた演奏活動の実績を持つ軍楽隊に贈られる米国スーザ財団の「スーザ賞」も受賞しました。航空自衛隊の行進曲『空の精鋭』や『ドルフィン・イン・ザ・スカイ』『ブルー・インパルス』など、隊員の手になる、軽快で心躍る曲も演奏されます。二〇一二年には、隊員の和田信《わだしん》さんが作曲した行進曲『希望の空』が、全日本吹奏楽コンクールの課題曲に選ばれました。世界的なユーフォニアム奏者の外《ほか》園祥一郎《ぞのしょういちろう》さんも、航空中央音楽隊の隊員です。

そうそう、音楽隊を語るのに、制服について触れないのはもったいないですよね。音楽隊の制服は、二〇一一年の〈航空観閲式〉から新調されました。以前は紺と白の二種類ありましたが、新しい演奏用の制服（演奏服）は、黒に近い濃紺のみで、演奏の邪魔にならないよう、若干装飾をシンプルにしたそうです。

――なーんて、知ったかぶりして書いておりますが、私もこの小説を書くために取材をして、いろいろ初めて勉強したのでした。以前、『迎撃せよ』を書くためにミサイル防衛について取材させていただいた航空幕僚監部広報室の室長さんから、「音楽隊というのがあるんだけど、小説のネタになりませんか？」とお誘いをいただいたのが、二〇一〇年頃のこと。ちょうど神戸で開催された陸・海・空合同の演奏会を取材させていただいて、「これは面白い作品ができそう」とがっぷり食いついたのでした。ミサイルから音楽隊！　とはまた、なかなか愉快な流れですよね。

ちなみに、音楽隊の演奏会情報は、航空中央音楽隊のホームページ（http://www.mod.go.jp/asdf/acb/index.html）に掲載されています。希望者多数の場合は抽選になりますが、ハガキやインターネットで申し込むことができますので、興味を持たれた方はぜひ申し込んでみてください。私からの個人的なお勧めは、〈自衛隊音楽まつり〉でしょうか。陸・海・空の音楽隊すべての演奏と、自衛太鼓という勇壮な和太鼓の音色を併せて楽しめる、めったにない機会です。東京の武道館で開催されるので、近郊の方は試しにお越しくださいね。またユニークなものとしては、学生さん向けに音楽隊の体験イベントが開催されています。楽器を演奏されていることが条件になり

千葉・袖ケ浦市の2高校の吹奏学部約50人に演奏指導。クラリネットやサックスなどの楽器ごとに分かれて音楽隊の隊員が丁寧に説明します。前日は、木更津基地主催の音楽祭が袖ケ浦市民会館で行われ、学生も多く聴きに来ていました。(2012年2月)

ますが、音楽隊と合奏するという貴重な体験ができるかもしれませんよ。ひょっとして、鳴瀬佳音に会えるかも？（笑）

それでは皆さん、いつかどこかの音楽隊イベントで、お目にかかりましょうね！

◉写真提供：航空自衛隊航空中央音楽隊（3点とも）

解説

大矢《おおや》　博子《ひろこ》
（文芸評論家）

冒頭数ページを読み、慌てて表紙を確認したあなた。

大丈夫、間違ってませんよ。福田和代の小説です。可愛いのも書くんです。

二〇〇七年、航空謀略サスペンス『ヴィズ・ゼロ』（青心社）でデビューした福田和代は、続く『TOKYO BLACKOUT』（創元推理文庫）がヒット。電力会社がテロの標的となり東京が大停電に見舞われるというこの小説で、圧倒的な情報量を誇るクライシス・ノベルの書き手として一躍その名を読者に知らしめた。

以降、ミステリー、サスペンス、SFを中心に幅広いジャンルの作品を精力的に生み出しているが、総じて作品イメージは共通している。「硬派」そして「取材」だ。

だから本書『碧空《あおぞら》のカノン　航空自衛隊航空中央音楽隊ノート』が出たときも、自衛隊の音楽隊という身近なような縁遠いような部隊を舞台に（シャレではない）、手に汗握る軍事サスペンスを書いたのだとばかり思っていた。それが――

ドジっ娘である。

ラブコメである。

日常の謎である。

福田和代が？　あの福田和代の自衛隊小説が、日常の謎系ドジっ娘ラブコメ？

驚いたのは私だけではないはずだ。けれど一読して納得した。この題材は、コージーな雰囲気こそが似つかわしい。いや、コージーな雰囲気にすることに意味がある。従来の取材力を遺憾なく発揮しつつ、その上でラブコメのライトミステリーに仕立てた「硬派」な理由が、ちゃんとあるのだ。

まず、概略から紹介しておこう。

主人公は鳴瀬《なるせ》佳音《かのん》。音楽大学を卒業後、航空自衛隊航空中央音楽隊に入隊。立川分屯基地内にある航空中央音楽隊の庁舎に居住している。担当楽器はアルトサックスだ。

この佳音が、ドジっ娘というか、トラブルを呼ぶというか、巻き込まれ体質というか、とにかくやたらと事件に引っかかる。その度に他の隊員たちと一緒に大騒ぎをしながら解決するという趣向の連作短編集である。

「ギルガメッシュ交響曲」では消えた楽譜の謎、「ある愛のうた」は音楽大学時代に起きた伝説の事件、「文明開化の鐘」は技術指導をした中学生のトラブル、「インビジブル・メッセージ」は取材に訪れたカメラマンが持つ絵葉書の謎、佳音に片思い中の男性隊員視点の掌編「遠き山に日は落ちて――渡会俊彦《わたらいとしひこ》の場合――」を間に挟んで、「ラッパ吹きの休日」は新人女性隊員の不可解な行動――と、実在の曲名をタイトルにした各編の内容を見れば、いわゆる航空クライムノベルでも軍事サスペンスでもないことがお分かりいただけるだろう。

ところが読んでいくと、軽妙な会話やコミカルな展開の中に、自衛隊音楽隊ならではの業界情報が多分に仕込まれていることに気づき、興味を引く。

たとえば「ギルガメッシュ交響曲」では、航空中央音楽隊にはたくさんの演奏依頼が舞い込み、毎年大小合わせて百もの演奏会をこなしていることや、そのレベルの高さについて紹介されている。のみならず、音楽を志す者にとって自衛隊の音楽隊は挑戦しがいのある進路のひとつであること、専務隊である音楽隊に採用されても自衛隊員としての厳しい訓練は受けなくてはならないこと、一定期間内に一定の地位まで昇進しないとクビになることなど、一般にはなかなか知られない情報がてんこもりだ。

「ある愛のうた」では自衛隊での生活習慣がプライベートでも抜けないことをおもしろお

かしく紹介する一方、「文明開化の鐘」では東日本大震災のときにはコンサートのキャンセルが相次いだことや、音楽隊が行った慰問の話が登場する。がれきの下で見つけてもらうのを待っている人が大勢いる中、自衛隊員としてそちらに行くべきではないのかという懊悩《おうのう》があったことも。

「インビジブル・メッセージ」では広報としての音楽隊の仕事が、「ラッパ吹きの休日」では航空自衛隊航空中央音楽隊の成り立ちが語られる。

どれも初めて知ることばかりで、「そうだったのか音楽隊！」とサブタイトルをつけたいくらいだが、それら「硬派」な情報を福田和代は決して声高に開陳《かいちん》するのではなく、ライトなコメディの中に落とし込んだ。自衛隊を舞台にしながら、国防とも災害救助とも直接関係のない「日常の謎」「音楽ミステリー」として仕立てた。なぜか。それが本書の鍵である。

本書が生まれたきっかけは、あとがき代わりの「航空自衛隊の音楽隊は、こんなところです！」にあるように、航空自衛隊が舞台のサスペンス『迎撃せよ』(KADOKAWA)の取材中に音楽隊の存在を聞いたことだそうだ。しかし、福田和代のインタビューによると、当初は音楽隊の主人公がテロに巻き込まれる話を考えていたという。

ところが音楽隊員に「自分の楽器ケースを開けたときに怪しいマイクロフィルムが貼り付けてあるのを発見したらどうしますか」と尋ねたら「真っ先に上司に言います」と返ってきたのだとか。それを聞いて、

「『あ、ちょっと違ったかも』と（笑）。もっと優しい感じのミステリーにしたほうが合うんじゃないかと考えを変えました」（「ダ・ヴィンチ」二〇一三年四月号）

音楽隊員たちは確かに自衛官である。その訓練も受けている。だが彼らはまぎれもなく音楽家なのだ。彼らの任務は音楽を通して地域の人と交流を持ち、人を励まし、後進を指導すること。自衛隊の広報を担い、式典や祭礼というフォーマルな場から一般向けの〈ふれあいコンサート〉まで、幅広く活躍すること。そんな芸術家たちなのだ。

音楽を愛し、音楽を通して人と関わる彼らを描くなら、なるほど、血腥《ちなまぐさ》いよりも優しい物語の方が確かに似つかわしい。恋をしたりされたり女友達と騒いだり美味しいものが好きだったり、何より音楽が好きという普通の女性を主人公にした理由はそこにある。アルトサックスはマイクロフィルムを仕込むためではなく、旋律を届けるためにあるのだから。

航空自衛隊の他にも、陸上・海上自衛隊、警察や消防も音楽隊を持っている。彼らの前

身は「軍楽隊」と呼ばれ、発祥は明治二年に遡《さかのぼ》る。明治維新の際、イギリスの軍楽隊から当時の薩摩藩士が指導を受けたのが、日本の「吹奏楽事始め」だ。主な目的は軍の規律化だが、慰問や厚生の重要性も大きかった。隊内のみならず鹿鳴館《ろくめいかん》などでも演奏し、軍楽隊は日本での西洋音楽普及を牽引《けんいん》することになる。その軍楽隊ＯＢが野に散らばり、吹奏楽の裾野《すその》を広げた。

第二次大戦後、軍楽隊は軍隊とともに解体され、警察予備隊（今の自衛隊）が組織された際にあらためて陸上・海上両隊で音楽隊が誕生。航空自衛隊はそれより遅れて昭和三十年代に編成されている。

組織の名前は違えど、こうした官設の音楽隊は「日本の吹奏楽の祖」として常に後進をリードし、普及に力を尽くしてきた。彼らの仕事の様子は、オリンピックやパレードなどの中継でよく目にする。ＧⅠ競馬のファンファーレも航空自衛隊航空中央音楽隊の演奏なのだそうだ。

もちろん自衛隊員である以上、国の政策と無関係ではいられない。「小説宝石」に掲載された本書の続編には、那覇《なは》基地の南西航空音楽隊に赴任した仲間が（このあたり詳しく書きたくて仕方ないのだが我慢している。続刊を楽しみに待たれたい）身体能力を買われて対空機関砲の訓練を受けることになり、音楽隊なのにそんなことを、と佳音が動揺する場面がある。

自衛隊とはそういう組織だ。だがそういう組織で、武器ではなく楽器を手にする者たちがいる。音楽を奏でることを期待される者たちがいる。それこそが福田和代の書きたかったことではないだろうか。自衛隊というとことん硬派な組織の中で、芸術というジャンルに携わるというこのギャップは、福田和代というとことん硬派な作風の小説家が優しくコージーな作品を書いたことのギャップに通じるようにも思えるのである。

――いや、そんな理屈は本書には似合わない。佳音をはじめとする本書の登場人物たちの優しさと温かさ、善意の連鎖は、読んでいてとても気持ちが良い。この気持ちよさに身を委ね、鈍感な佳音にヤキモキし、彼女たちが奏でる旋律に耳を澄ませる。本書を読むには、それで十分かもしれない。

なお、同じく自衛隊で「防衛」に直接携わる以外の部署を舞台にした福田和代の作品に『天空の救命室　航空自衛隊航空機動衛生隊』（徳間書店）がある。こちらは航空自衛隊航空機動衛生隊の医師が主人公。ＩＣＵ並のユニットを積んだ輸送機で患者を搬送する。また、航空自衛隊の航空幕僚監部広報室を描いたのが有川浩《ありかわひろ》『空飛ぶ広報室』（幻冬舎）。同じ音楽隊ものとしては、現在入手困難ではあるが、新津《にいつ》きよみが『アルペジオ　彼女の拳

銃　彼のクラリネット』（講談社文庫）で警視庁の音楽隊員を主人公のひとりに据えている。サスペンスだが、警視庁音楽隊の業界小説としても読み応えがある一作だ。

横山秀夫《よこやまひでお》が警察の人事や総務を舞台としたように、その職場の顔となる部署以外にも、多くのドラマがある。本書はその流れを汲む一冊なのだ。

業界小説として、優しいラブコメとして、音楽ミステリーとして。さまざまな顔を持つ本書を、どうか存分に楽しまれたい。

※参考資料　戸ノ下達也（編著）『日本の吹奏楽史　1869-2000』（青弓社）

〈初出〉
ギルガメッシュ交響曲　「小説宝石」二〇一一年一月号
ある愛のうた　「小説宝石」二〇一一年十二月号
文明開化の鐘　「小説宝石」二〇一一年九月号
インビジブル・メッセージ　「小説宝石」二〇一二年二月号
遠き山に日は落ちて──渡会俊彦の場合──　初刊時に書下ろし
ラッパ吹きの休日　「小説宝石」二〇一二年九月号
●取材ノート
航空自衛隊の音楽隊は、こんなところです！　初刊時に書下ろし

二〇一三年二月　光文社刊

※この作品はフィクションです。

執筆にあたり、航空自衛隊航空中央音楽隊の皆様に多大な取材ご協力をいただきました。

ここに改めて御礼申し上げます。

光文社文庫

碧空《あおぞら》のカノン　航空《こうくう》自衛隊《じえいたい》航空《こうくう》中央《ちゅうおう》音楽隊《おんがくたい》ノート

著者　福《ふく》田《だ》和《かず》代《よ》

2015年9月20日　初版1刷発行

発行者　鈴木広和
印刷　萩原印刷
製本　榎本製本

発行所　株式会社 光文社
〒112-8011　東京都文京区音羽1-16-6
電話 (03)5395-8149　編集部
8116　書籍販売部
8125　業務部

ISBN978-4-334-76962-8　Printed in Japan

組版　萩原印刷

お願い　光文社文庫をお読みになって、いかがでございましたか。「読後の感想」を編集部あてに、ぜひお送りください。

このほか光文社文庫では、どんな本をお読みになりましたか。これから、どういう本をご希望ですか。

どの本も、誤植がないようつとめていますが、もしお気づきの点がございましたら、お教えください。ご職業、ご年齢などもお書きそえいただければ幸いです。当社の規定により本来の目的以外に使用せず、大切に扱わせていただきます。

光文社文庫編集部

光文社文庫　好評既刊

世界でいちばん長い写真　誉田哲也
黒い羽　誉田哲也
クリーピー　前川 裕
おとな養成所　槙村さとる
スパイク　松尾由美
ハートブレイク・レストラン　松尾由美
ハートブレイク・レストランふたたび　松尾由美
花束に謎のリボン　松尾由美
煙とサクランボ　松尾由美
西郷札　松本清張
青のある断層　松本清張
張込み　松本清張
殺意　松本清張
声　松本清張
青春の彷徨　松本清張
鬼畜　松本清張
遠くからの声　松本清張

誤差　松本清張
空白の意匠　松本清張
共犯者　松本清張
網　松本清張
高校殺人事件　松本清張
告訴せず　松本清張
内海の輪　松本清張
アムステルダム運河殺人事件　松本清張
考える葉　松本清張
花実のない森　松本清張
二重葉脈　松本清張
山峡の章　松本清張
黒の回廊　松本清張
生けるパスカル　松本清張
雑草群落（上・下）　松本清張
溺れ谷　松本清張
血の骨（上・下）　松本清張